일러두기

1. 생물의 명칭(학명)은 《두산백과》를 따랐으며, 《두산백과》에 나와 있지 않은 경우, 가장 널리 쓰이는 명칭을 사용했습니다.
2. 책 속 '우리나라'는 '대한민국'을 의미합니다.

Original Japanese title: NUMAGASA WATARI NO YUKAI NA IKIMONO CHOU ZUKAN
Copyright © 2022 Watari Numagasa
Original Japanese edition published by Seito-sha Co., Ltd.

Korean translation copyright © 2022 Gimm-Young Publishers, Inc.
Korean translation rights arranged with Seito-sha Co., Ltd. through The English Agency (Japan) Ltd. and Danny Hong Agency

이 책의 한국어판 번역권은 대니홍 에이전시를 통한 저작권사와의 독점 계약으로 ㈜김영사에 있습니다.
저작권법에 의해 한국 내에서 보호를 받는 저작물이므로 무단전재와 복제를 금합니다.

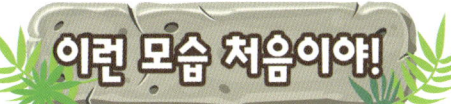

의외로 또 유쾌한 생물도감

누마가사 와타리 글·그림 | 곽범신 옮김

주니어김영사

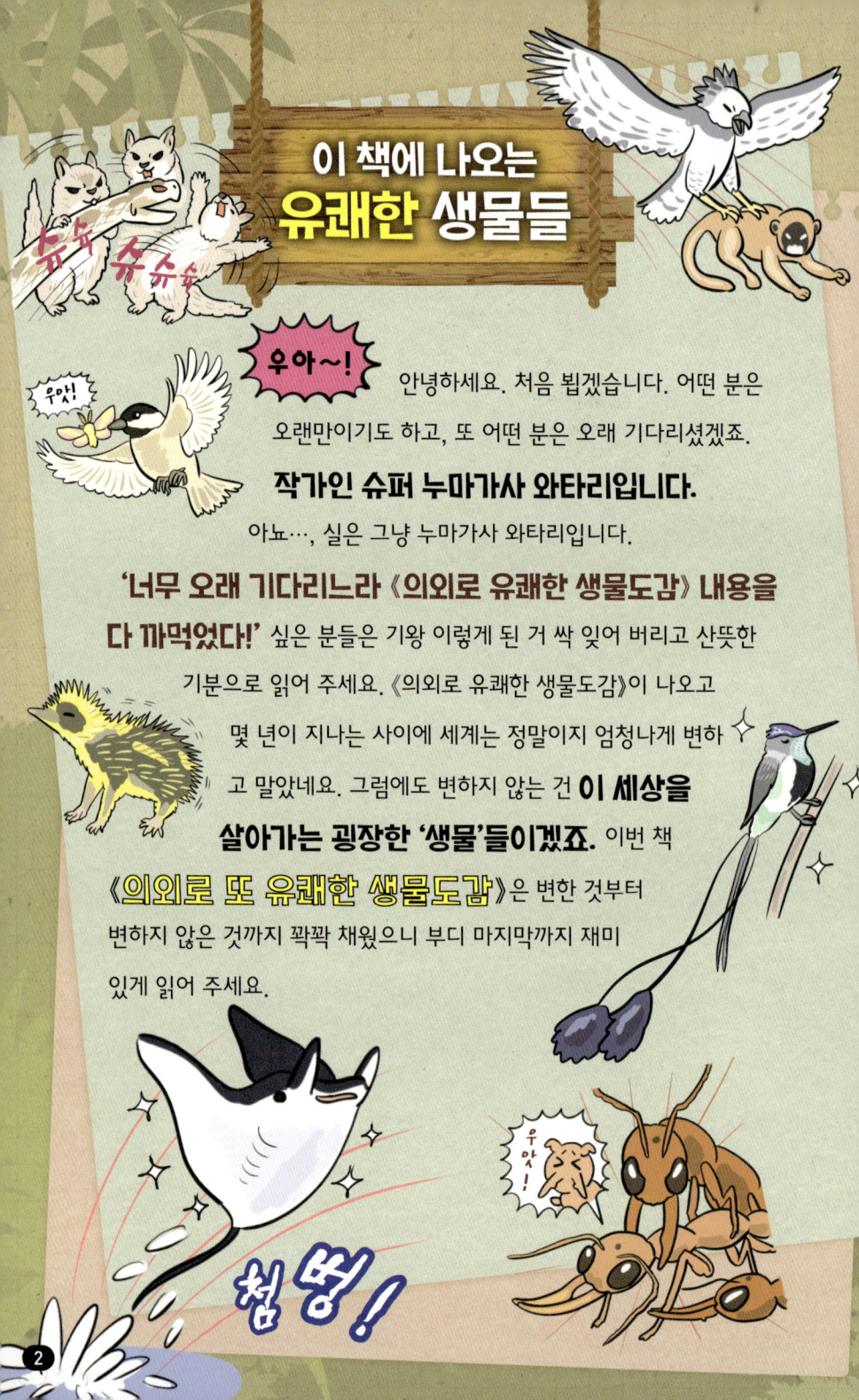

루

언제나 밝고 명랑한 주튜버. 굉장한 동영상을 올려서 지구 최고의 인기 스타가 되겠다는 어마무시한 꿈이 있다.

코앙마

코알라를 닮은 수수께끼로 가득한 천사. 얼핏 귀여워 보이지만 인류를 멸망시키려 하고 있다.

라비

엄청난 생물 마니아이자 못말리는 루의 좋은 파트너. 태어날 때부터 다리가 불편하지만, 휠체어를 자유자재로 스마트하게 이용한다!

삼인조와 함께 유쾌한 세계로 여행을 떠나 보자

이 세 사람(?)과 유쾌하게 세계를 여행하자!
이번 책에는 놀랍게도 '이야기'가 있습니다.
전혀 다른(하지만 사이좋은) 두 사람과 수수께끼의 '천사'가 세계를 넘나드는 모험을 도감과 함께 마지막까지 지켜봐 주세요.

하지만 왜 산불이 인간하고 관계가 있다는 건데?

산불이 심해진 건 '지구온난화'의 영향이 크기 때문이야.

지구 온난화를 일으키는 원인은 '인간의 활동' 때문으로 알려져 있다. 교통수단이나 공장, 발전소 등에서는 이산화탄소(CO_2) 같은 '온실가스'가 대량으로 배출된다.

온실가스가 지나치게 늘어나면 지구에서 우주로 날아가야 할 열기가 지표에 머무르며 기후를 크게 바꿔 버린다.

이것이 바로 '지구 온난화'다.

이미 자연환경이나 생물에게는 많은 영향을 끼쳤다.

지구 온난화가 일으키는 수많은 재난 중 하나가 바로 산불이다. 온난화의 영향으로 오스트레일리아는 최악의 무더위와 가뭄에 시달렸다.

메마른 땅이 계속해서 뜨거워지면 숲도 불타기 쉬워진다…! 지구 온난화 때문에 거대한 산불이 일어나기 딱 좋은 조건이 갖춰지는 것이다!

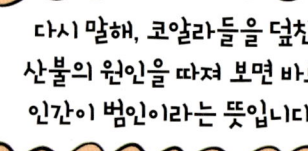
다시 말해, 코알라들을 덮친 산불의 원인을 따져 보면 바로 인간이 범인이라는 뜻입니다!

차례

라비가 보고 싶은 생물 리스트

제1장 대지에서 힘차게 살아가는 친구들

찾아봤어요!

- 오리너구리 ·········· 25
- 웜뱃 ················ 29
- 쿼카(쿠아카왈라비) ··· 31
- 빌비(긴귀반디쿠트) ··· 33
- 에뮤 ················ 35
- 붉은캥거루 ·········· 37
- 안경카이만 ·········· 41
- 검은꼬리프레리도그 ··· 43

동물을 우습게 보는 인간을 위한 특별 수업
끝나지 않는 진화의 싸움
다람쥐 VS 뱀 ········· 47

- 아이벡스 ············ 51
- 마사이기린 ·········· 53
- 아르마딜로갑옷도마뱀 ··· 57
- 뱀잡이수리 ·········· 59
- 코뿔소 ·············· 61
- 큰머리두더지쥐 ······ 63

편견에 사로잡힌 인간을 위한 특별 수업
사실은 모두 강하다고?!
하이에나 VS 사자 ······ 67

천적과의 공동 생활?!
덜덜

말을 가려서 하는 동물?
랩 배틀
한 방 먹여 줄까, 나는 프레리도그 찌그러져 있어, 너는 언더도그

사자와 하이에나의 뜻밖의 관계
아이고 감사해라.
옛다!
꾸벅

17

제 2 장
숲에서 현명하게 살아가는 친구들

찾아봤어요!

고기잡이살쾡이	75
분홍산누에나방	77
물까치라켓벌새	79
게잡이원숭이	81
동고비	85
카카포	87
화식조	91

세계에서 가장 위험한 새?!

화식조

침이 없는 인간을 위한 특별 수업
무적의 침을 지닌 동물의 천적은?!
고슴도치 VS 오소리 93

비버	97
팔공거미	101
사탄잎꼬리도마뱀붙이	103
검은여우원숭이	105
줄무늬텐렉	107
부채머리수리	109
인도점핑개미	111
늑대	115

닌자처럼 몸을 숨기는 도마뱀붙이

사탄잎꼬리도마뱀붙이

늑대들은 노는 걸 좋아한다?!

제 3 장 — 바다에는 신기한 생물들이 가득해

조사해 봤어요!

- 해달 ········ 123
- 참갑오징어 ········ 127
- 산호 ········ 131
- 톱가오리 ········ 135
- 공작갯가재 ········ 137
- 스톤피쉬 ········ 139

욕심 많은 인간을 위한 특별 수업
Q&A 오늘날의 뱀장어
인간 VS 뱀장어 ········ 141

- 무명갈전갱이 ········ 145
- 귀상어 ········ 147
- 흰고래 ········ 151
- 파래날씬이갯민숭붙이 ········ 153
- 쥐가오리 ········ 155
- 붉은바다거북 ········ 159
- 혹등고래 ········ 163

색색의 쥐가오리를 발견하다?!

제 4 장 — 동물과 인간의 인연과 미래

생각해 봤어요!

- 개 ········ 173
- 소 ········ 177
- 기니피그 ········ 181
- 레이산알바트로스 ········ 183
- 꿀벌 ········ 187
- 침팬지 ········ 191
- 천산갑 ········ 195
- 고양이 ········ 199

지구는 이미 고양이들의 별?!

이 책을 보는 법

페이지를 넘겨 보면!

생물의 기본적인 정보나 그 생물과 관련된 이야기, 소식을 소개합니다.

더 자세한 정보가 실려 있어요. 때로는 뜻밖의 사실이 밝혀지기도…!

🎉 유쾌한 생물 정보
생물에 대한 다양한 정보를 자세히 설명하고 있어요.

📏 크기
생물의 크기를 가까이에서 볼 수 있는 것들과 비교해서 표현해 놓았어요. 수컷과 암컷의 크기 차이가 특징인 생물은 나눠서 표시했어요.

🏠 분류
과학적으로 분류한 생물의 종류를 표시했어요.

🍃 먹이
소개한 생물이 주로 어떤 먹이를 먹는지 소개했어요.

📍 서식지
생물이 살고 있는 주요 지역을 표시했어요.

대지에는 생물들이 힘차게 뛰어다니고 있다!

초원이나 개울, 사막 등이 펼쳐진 대지는 약한 생물이 강한 생물에게 잡아먹히는 세계다. 살아남으려면 덩치, 속도, 힘, 체력 등이 중요하기 때문에 한껏 기운을 짜내야만 한다. 활짝 펼쳐진 땅은 날씨나 기온의 영향도 쉽게 받는다. 그럼에도 굴하지 않고 대지와 함께 힘껏 살아가는 생물들의 모습을 살펴보자!

자세한 내용은 P.33

천적인 고양이로부터 도망치려면?

빌비는 경계심이 적다는 약점 때문에 점점 개체 수가 줄어들고 있다. 이런 어려움을 극복하기 위한 비결은 과연 뭘까?

아름다운 수리는 사실…,

뱀잡이수리의 특징은 새빨간 눈언저리와 머리에 달린 깃털이다. 살아남기 위해 그 아름다운 모습 속에 어떤 개인기를 숨기고 있을까?

자세한 내용은 P.59

뱀과 다람쥐가 싸워 온 역사?

어느 사막의 뱀과 다람쥐는 오랜 세월 동안 싸우며 진화했다. 그 싸움과 진화의 역사를 놓치지 말도록!

자세한 내용은 P.47

오리너구리

세상에서 가장 신기한 빛!!

주튜브 Zootube
엄청난 개인기!

새로운 발견

오리너구리는 어둠 속에서 빛을 낸다고?!

10:10 / 37:15

여러 동물을 닮은 기상천외한 포유류

오리 같은 부리와 발, 수달처럼 털 난 몸, 비버처럼 넓적한 꼬리 등 신기한 생김새를 하고 있다. 야생에서 볼 수 있는 나라는 오스트레일리아뿐이다. 물가에 사는 작은 동물을 잡아먹고 산다.

오리너구리의 가장 신기한 점은 '알을 낳는다'는 사실이다.

보통 1~2개의 알을 낳는다.

10일 정도면 알을 깨고 나온다. 갓 태어난 새끼는 2센티미터 정도. 어미는 젖을 주면서 3~4개월 정도 새끼를 보살핀다.
하지만 오리너구리의 신기한 생태는 여기서 끝나지 않는다고!

크기 : 40~60cm

분류 : 포유류 • 오리너구리과   **먹이** : 곤충, 갑각류 등   **서식지** : 오스트레일리아

25

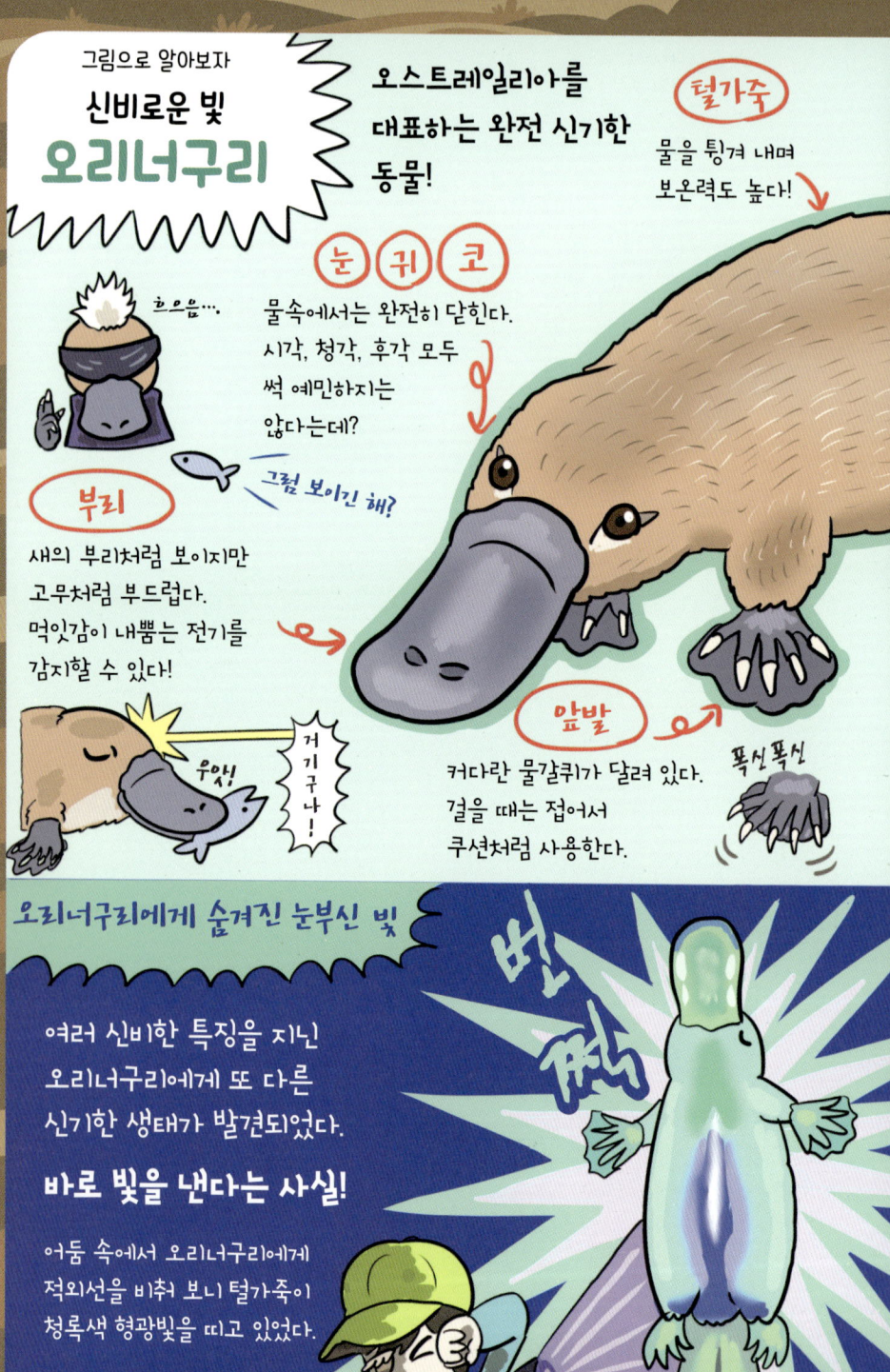

꼬리: 헤엄칠 때 방향 잡는 '키'가 되어 줄 뿐 아니라, 먹잇감이 부족할 때를 대비해 지방을 저장하는 역할도 한다.

온몸의 지방 중 40퍼센트가 꼬리에 저장되어 있다고 한다.

꼬리를 보면 오리너구리의 건강 상태를 알 수 있다는 의미!

구멍: 똥이나 오줌, 알이 모두 같은 '구멍'에서 나온다. '단공류'라는 이름이 여기에서 유래했다.

뒷다리: 발톱이 뾰족하다. 수컷은 발뒤꿈치에 '독침'을 지니고 있어 수컷들끼리 싸울 때 사용한다.

오리너구리를 잡는 올바른 방법

꼬리를 잡으면 독이 있는 발뒤꿈치가 닿지 않아서 안전하다.

오리너구리가 빛을 내는 이유는 정확히 밝혀지지 않았다.

자외선을 흡수해서 뿜어내는 청록색 빛이 '보호색'이 되어 준다는 이야기가 있다. 이 빛이 오리너구리를 노리는 새나 육식 동물, 거대한 물고기 등 자외선을 볼 수 있는 사냥꾼들의 눈을 속이는 데 도움이 될지도 모르는 일!

오리너구리는 인간의 상상을 초월하는 동물이다. 그러니 그 '빛'에도 상상 못 할 비밀이 숨겨져 있지 않을까?

오리너구리가 전부는 아니야?! 어둠 속에서 빛을 내는 동물들

'생물 형광'은 의외로 여러 동물에게서 발견된다.

- 태즈메이니아데빌
- 큰박쥐
- 빌비(긴귀반디쿠트)
- 웜뱃
- 캥거루 …는 빛나지 않는다. (불만 있나!)

빛나는 동물과 빛나지 않는 동물의 차이는 과연 무엇인지, 수수께끼는 깊어질 뿐이다.

신기한 '빛'으로 가득한 오리너구리이지만, 지금은 그 숫자가 크게 줄어든 상태다. 오리너구리의 보금자리인 강이 기후 변화와 개발, 가뭄 및 산불 등으로 심각한 피해를 입고 있기 때문이다.

50년 뒤면 오리너구리의 약 '4분의 3'이 사라질 거라고 예상하는 사람이 있을 정도!

2021 → 2071

'오리너구리 마을' 라트로브*에서는 오리너구리가 사는 숲과 강을 지키기 위한 노력이 이어지고 있다.

★ 야생 오리너구리가 많이 사는 오스트레일리아의 도시.

어서 와~

거대한 오리너구리 장식물

와라우이 삼림 보호 구역

라트로브 시민과 과학자들이 힘을 합쳐 강의 수량을 원래대로 돌려 놓자 오리너구리 숫자도 늘어났다고 한다. 한 치 앞도 내다볼 수 없는 오리너구리의 미래, 우리가 희망의 '빛'을 지켜 줘야 하지 않을까.

웜뱃

불타는 숲에 나타난 슈퍼히어로?

깜짝!

진실 혹은 거짓?

숲속 동물들을 불길에서 구했다고?

10:10 / 37:15

땅딸막한 몸매의 마음씨 착한 동물?

오스트레일리아에서만 볼 수 있는 유대류 동물이다. 땅딸막한 몸매에 특기는 땅굴 파기. 낮 동안에는 햇살과 더위를 피해 굴속에서 지낸다. 성격이 차분하며 풀밭이나 숲에서 식물을 먹으며 살아간다.

오스트레일리아 산불 이후 거짓말 같은 이야기가 퍼져 나갔다!

이쪽이야!

'웜뱃이 자신의 굴까지 동물들을 데려가 산불로부터 구했다'는 이야기!

정말이라면 그야말로 '슈퍼히어로'인데?

크기 : 약 1m

분류 : 포유류 · 웜뱃과
먹이 : 풀, 뿌리
서식지 : 오스트레일리아

29

숲을 지키는 히어로? 웜뱃

유대류이기 때문에 새끼를 키우는 '주머니'를 갖고 있다.

빼꼼

주머니는 엉덩이 쪽에!

굴은 30미터가 넘을 때도 있다.

신기하게도 네모난 똥을 싼다!

헷갈릴 듯...

각설탕

장의 구조가 특이하기 때문인 듯하다.

'웜뱃이 동물들을 자신의 굴로 유도해 산불에서 구했다'는 감동적인 이야기는 정말일까?

결론부터 말하자면 살짝 의심스럽다.

전문가들은 혼자 지내기 좋아하는 웜뱃이 다른 동물을 '구할' 가능성은 낮다고 생각하는 모양이다. 무엇보다도 웜뱃은 근시라서 누군가를 '유도'하기가 어렵다고 한다.

저쪽 아냐?

음?

하지만 아예 말도 안 되는 헛소문이라고 할 수도 없다.

숲속 동물들이 웜뱃이 판 굴을 자유롭게 드나드는 경우도 있기 때문!

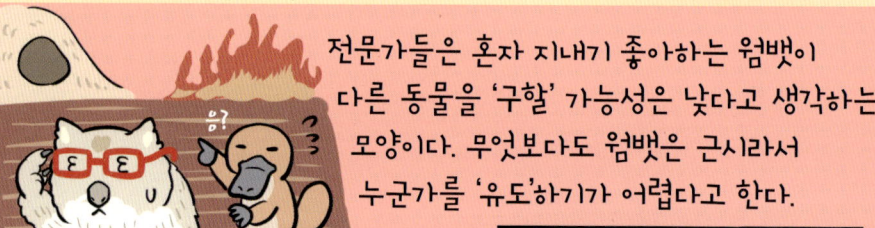

그래서 산불을 피해 웜뱃이 판 굴에 숨어든 동물도 있었을 것이다.

웃는 얼굴로 뛰어다니는 작은 크기의 왈라비

오스트레일리아에서만 서식하는 작은 크기의 왈라비다. 코알라나 캥거루와 같은 유대류로, 배에 달린 주머니에 새끼를 키운다. 풀이나 뿌리 등의 식물을 먹으며, 얌전한 데다 사람을 잘 따라서 함께 사진을 찍으려는 관광객이 많다.

- 크기 : 40~50cm
- 분류 : 포유류・캥거루과
- 먹이 : 식물
- 서식지 : 오스트레일리아

미소에 감춰진 그림자
쿼카 (쿠아카왈라비)

캥거루처럼 뿅뿅 뛰어다닌다.

오스트레일리아의 로트네스트섬에서 살고 있다.

배에 달린 주머니로 새끼가 들어간다.

로트네스트는 '쥐 소굴'이라는 뜻이다.

네덜란드 모험가가 섬에 상륙했을 때 쿼카를 쥐로 착각했기 때문이다.

로트네스트섬에는 해마다 50만 명이 넘는 관광객이 찾아오지만 쿼카는 인간을 별로 무서워하지 않으므로 가까이 다가와 준다. (하지만 만지는 건 금지!)

사랑스러운 '미소'와는 반대로 쿼카를 둘러싼 현실은 가혹하다.

보금자리의 파고, 밀렵, 기후 변화에 따른 화재나 가뭄, 외부에서 넘어온 여우 같은 동물들 때문에 쿼카의 숫자가 줄어들고 만 것이다!

현재 야생에서 살아남은 쿼카는 겨우 1만 4천 마리뿐이다.
'세상에서 가장 행복한 동물'의 미소(?)를 지켜 주어야 하지 않을까.

힘들 때도 웃어야지…. 울어도 된단다!

빌비 (긴귀반디쿠트)

'두려움'을 가르쳐서 사랑스러운 동물을 구해 내라!

천적과 함께 살아가는 이유는?!

토끼처럼 귀가 긴 유대류

오스트레일리아에서만 볼 수 있는 유대류로, 오스트레일리아에서는 부활절이면 빌비처럼 생긴 '이스터 빌비'라는 과자가 인기를 끈다. 얌전한 잡식성 동물이며 땅굴 속에서 지낸다.

크기 : 20~56cm

빌비는 토끼와 쥐를 섞어 놓은 것처럼 생긴 사랑스러운 동물이다.

하지만 인간이 데려온 고양이나 여우에게 잡아먹히면서 빌비의 숫자가 줄어 들고 있다는데….

지금은 겨우 1만 마리만 남았다.

빌비를 구할 기발한 방법은 과연 뭘까?!

분류 : 포유류·긴귀반디쿠트과　먹이 : 벌레, 나무열매　서식지 : 오스트레일리아

에뮤

인류와 새의 끝나지 않는 싸움

주튜브 Zootube · 큰일이야!

1932 혈투

새와의 전쟁은 어쩌다 벌어졌을까?!

에뮤 전쟁

10:10 / 37:15

먹성 좋고 날지 못하는 커다란 새

타조처럼 하늘은 날지 못하지만 달리기가 빠른 대형 조류다. 최고 시속은 50킬로미터 정도나 되고, 시속 32킬로미터로 40분 정도 꾸준히 달릴 수 있을 만큼 체력도 좋다. 사람 손바닥만 한 진녹색 알을 낳는다.

1929년, 세계 대공황(세계의 경제가 엄청나게 나빠진 사건)이 벌어지자 오스트레일리아의 농가는 먹고 사는 게 힘들어졌다. 그런데 잡식성이며 재빠른 에뮤는 농사지을 땅을 어지럽히며 가뜩이나 부족한 곡물을 먹어치웠고,

폭발

결국 사람들의 분노가 폭발하고 만다!

크기 : 1.6~2m

분류 : 조류·화식조과
먹이 : 곤충, 과일 등
서식지 : 오스트레일리아

붉은캥거루

사랑도 미움도 모두 뛰어넘다!

요리에 쓰인다고?!

캥거루의 미래는 어떻게 될까?

- 캥거루 라이스
- 캥거루 튀김
- 캥거리타 피자
- 햄버거루

10:10 / 37:15

오스트레일리아를 대표하는 동물

캥거루와 그 친척들은 오스트레일리아와 그 주변 섬에서만 살고 있다. 독특한 진화를 거친 대형 초식 동물 붉은캥거루는 배에 달린 주머니에 새끼를 키우는 유대류 중 가장 크며, 무리지어 생활한다.

🦘 **크기** : 1~1.6m

(초식 좀 하세요.)

캥거루는 오스트레일리아 문화에서 빼놓을 수 없는 동물이다.

- 오스트레일리아 국장 속 캥거루
- 에뮤
- 오스트레일리아 동전
- 1만 7천 년 전 벽화

오스트레일리아 원주민 '애보리진'의 문화에서도 중요한 존재다.

캥거루는 '나라의 상징'인 셈이다. 하지만 인간과의 관계는 의외로 복잡하다는데?

분류 : 포유류·캥거루과　　**먹이** : 풀　　**서식지** : 오스트레일리아

캥거루는 '의사소통'을 이용해서 사람에게 '도움'을 요청한다?!

어느 연구소에서 실시한 연구

상자에 먹이를 넣어서 준다.

몇 차례 반복한 뒤 뚜껑을 닫으면,

근처에 있는 사람에게 '도움'을 요청한다.

인간과 의사소통을 나누려는 모습은 개나 소, 염소처럼 인간에게 오랫동안 길러진 동물만이 보이는 행동이라 여겼다. 하지만 이 연구를 통해 캥거루의 인지 능력이 매우 뛰어나다는 사실이 밝혀졌다.

실제로 도움을 필요로 하는 캥거루는 무척 많다. 자동차 사고로 부모를 잃은 새끼 캥거루가 끊이지 않고, 산불로 입은 상처도 아직 아물지 않았다.

그런 캥거루에게 '도움'의 손길을 내밀어 주는 사람들도 있다.

고아가 된 캥거루에게 어미의 주머니와 비슷한 환경을 만들어 줘 안심하고 지내게 해 준다.

목적은 씩씩한 어른 캥거루로 길러 내 언젠가 야생으로 돌려보내는 것!

캥거루는 뛰어난 소통 능력을 가진 인간에게 '도움'을 청하는 게 아닐까…. 그런 캥거루의 목소리를 알아차릴 수 있을지 없을지는 인간에게 달렸다.

안경카이만

나비에게 인기 만점인 악어의 눈에도 눈물이!

모두 모여라!

나비들이 모여드는 이유는?!

10:10 / 37:15

안경을 쓴 작은 악어

중남미의 강이나 늪, 호수에서 살아가는 작은 악어로, 물고기나 작은 동물을 잡아먹고 산다. 15~40개의 알을 낳는다. 악어 무리 중에서도 얌전한 편이라 반려동물로 키우기도 한다.

놀랍게도 나비들의 목적은 악어의 '눈물'이라고 한다!

나 참, 눈물 없이는 못 보겠네….

눈물 좀 줘요!

인기 폭발

100만 번 우는 악어

100만 부 돌파

악어의 눈물에 감춰진 비밀은 과연…?

: 1.5~2.5m

안경 친구~!

분류: 파충류·엘리게이터과   **먹이**: 물고기, 작은 동물   **서식지**: 중남미

주튜브 Zootube

검은꼬리프레리도그
넓은 초원 한가운데서 위험을 외치다

엄청난 개인기!

긴급 상황

위기를 알리기 위해 언어를 사용한다?!

지금, 거대한 새가 무시무시한 발톱을 번뜩이며 엄청난 속도로 날아들고 있습니다!

생중계

10:10 / 37:15

북아메리카 대지에 우뚝 선 넓은 초원의 작은 개

짖는 소리가 개와 비슷해 '초원의 개'라는 뜻의 이름이 붙었지만, 다람쥐나 쥐 등의 친척인 설치류다. 무리를 지어서 초원에 파 놓은 굴에서 살며 풀이나 곤충 따위를 먹는다.

멀리까지 울려 퍼지는 울음소리는 중요한 대화 수단이다.

천적이 다가올 때 울음소리로 '경고'를 하면 검은꼬리프레리도그 무리가 모두 굴속으로 도망친다.

긴급 사태! 긴급 사태!
까마ㅣ!
빠꼼
야, 갔냐?

위험이 사라지면 '경보 해제'를 알린다. 이 울음소리에는 또 다른 비밀이 있다는데…?

크기 : 30cm

어디서 온 거야….
까까지

분류 : 포유류·다람쥐과   **먹이** : 풀, 곤충   **서식지** : 북아메리카

43

그림으로 알아보자
우리 마을에 어서 오세요
검은꼬리프레리도그

검은꼬리프레리도그는 5종의 프레리도그 중 가장 널리 알려진 종이다.

낮에는 굴 밖에서 풀이나 뿌리, 씨앗 등을 먹는다.

수컷 1마리와 여러 마리의 암컷, 새끼가 가족을 이루어 굴속에서 함께 산다.

쪼옥

뽀뽀로 인사를 한다.

어머낫?

서로의 입에서 나는 맛으로 동료인지 아닌지를 확인한다.

울음소리의 비밀

검은꼬리프레리도그의 천적은 너무 많다!

검독수리

아메리카오소리

서부다이아몬드방울뱀

코요테

포식자마다 대처하는 방법도 조금씩 다를 텐데···

그럴 때 울음소리가 도움이 된다.

독수리다! 엄청 커! 빨라!

적마다 다른 '울음소리'를 내는 것이다! 예를 들어 독수리가 나타나면 크기와 색깔, 생김새, 속도 등을 자세히 설명할 수 있다고 한다.

땅속에 널찍한 구멍을 파서 '타운(마을)'이라 부르는 복잡한 터널에서 산다. 타운의 넓이는 보통 13제곱킬로미터 정도.

롯데월드와 에버랜드를 합친 것보다도 약 8배 더 넓다!

쳇!

화장실

침실

출구 근처는 망보는 장소

굴속의 작은 방은 저마다 쓰임새가 다르다.

새끼를 키우는 방

그보다 큰 타운도 있다. 기록에 남은 가장 큰 타운은 6만 5천 제곱킬로미터로 4억 마리나 사는 '초대형 도시'다.

규슈

일본 규슈 지역보다 2배 정도 크고 우리나라 서울보다는 11배 정도 크다.

침입자가 인간이라면 '어느 정도 크기인지' '무슨 색 옷을 입었는지' '총을 들었는지 아닌지'까지 표현할 수 있다.

울음소리를 내는 방식이나 순서를 바꿔서 표현하기도 하고, 처음 본 사물이나 상황에 맞춰서 새로운 언어를 만들기도 한다.

인간이다!
도망가!
커다란 귀!
귀 아니거든?

한 방 먹여 줄까, 나는 프레리도그! 찌그러져 있어, 너는 언더도그!

인간만 '언어'를 쓰는 건 아닐지도 모른다.

'타운'의 주인은 누구일까?

복잡하게 얽히고설킨 '타운'은 여러 동물에게 편안한 보금자리가 되어 주는 모양이다.

거대한 '타운'은 프레리도그뿐만 아니라 올빼미 같은 다른 동물들도 이용한다!

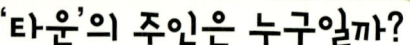
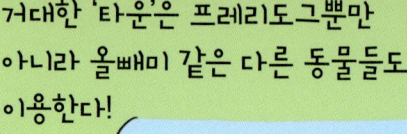

게다가! 검은꼬리프레리도그를 잡아먹는 족제비나 뱀까지 이 굴을 이용한다고 하니 동물들은 정말 마음이 넓다.

점프 입(Jump-Yip)

검은꼬리프레리도그가 가끔씩 보여 주는 독특한 행동.

앞다리를 들고 꼿꼿하게 선 채 폴짝폴짝 뛰면서 '컁컁' 하고 날카로운 목소리로 운다.

천적이 사라지면 여럿이서 점프-입을 하기 때문에 기뻐서 뛰는 것처럼 보이기도 한다.

다함께 똑같은 행동을 하며 단결력을 높이려는 목적도 있는 듯하다. 하지만 뛰는 데 정신이 팔려서 뒤로 자빠지기도 한다는데…, 너무 흥분하지 않게 조심하자.

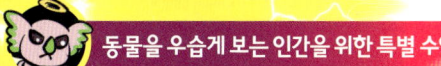

끝나지 않는 진화의 싸움

동물을 우습게 보는 인간을 위한 특별 수업

캘리포니아땅다람쥐에게 가장 무서운 천적은 방울뱀! 강한 독과 더불어 재빠른 몸놀림을 갖춘 무시무시한 포식자다. 방울뱀의 먹잇감 중 70퍼센트는 땅다람쥐라고 하는데…

다람쥐와 방울뱀은 수백만 년에 걸쳐 '끝나지 않는 처절한 싸움'을 반복해 왔다. 하지만 그 덕분에 다람쥐도 방울뱀에게 맞설 힘을 얻게 되었다는데!

	분류	먹이	서식지
	파충류·살모사과	작은 동물 등	아메리카대륙 등
	포유류·다람쥐과	씨앗, 나무열매 등	미국 등

방울뱀에게 맞서기 위한 다람쥐의 가장 큰 무기는 꼬리다! 다람쥐는 방울뱀과 맞닥뜨리면 꼬리를 세우고 세차게 흔든다.

방울뱀에게는 적외선을 감지할 수 있는 피트 기관이 있다. 그 덕분에 따뜻한 물체를 '볼' 수 있는데…

피트 기관

다람쥐는 꼬리로 혈액을 보내 온도를 빠르게 높인다! (약 2배나 올라간다고 한다!)

뱀의 시선 (상상도)

체온 상승!!

적외선으로 상대방을 보는 뱀에게 다람쥐 몸의 온도가 빠르게 올라가는 모습은 '덤볐다간 너도 무사하진 않을 거야.'라는 경고처럼 보이지 않을까?

용은 독보다 강하다!

사냥을 포기하고 도망치는 뱀

힝

뱀이 '온도 상승'에 반응한다는 사실은
로봇 다람쥐를 이용한 실험에서 밝혀졌다.

꼬리에 원통 모양의
히터를 집어넣은 로봇 다람쥐

나는 로봇이 아닙니다….

파지지직

그렇구나!

잘 속는 뱀

로봇 다람쥐의 꼬리 속 히터가 뜨거워지자 뱀의 경계심도
눈에 띄게 높아진다는 사실이 드러난 것이다.

한편으로 꼬리에 대한 경계심을 극복하고
다람쥐를 공격하는 뱀도 있는 모양이다.

하지만 다람쥐도 당하고만 있지 않는다!

반대로 먼저 다람쥐가 방울뱀을
물고 늘어져 뱀을 죽이기도 한다!
(놀랍게도 독이 통하지 않는 다람쥐도 있다는데!)

덥석!
!!
소용없다….
⁉
덥석!

캡틴 다람쥐

내가 맡다!

누구세요?

독과 열이라는 강렬한 무기를 지닌 어벤져스들의
싸움에 마침표가 찍힐 날은 언제쯤 찾아올까?

뱀에게서 '도둑질하는' 다람쥐가 있다?!

뱀으로부터 살아남기 위해 열심히 싸우는 다람쥐가 놀랍게도 먼저 뱀을 '공격하는' 경우도 있다! 다람쥐는 동물의 고기를 먹지는 않는다. 그렇다면 무슨 이유로 먼저 뱀에게 시비를 거는 걸까?

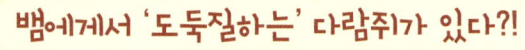

그건 바로…
'냄새를 훔치기 위해서'라고 한다! 다람쥐는 뱀의 허물을 갉아서 자신의 몸에 뱀 냄새를 묻힌 뒤 '뱀 흉내'로 몸을 지키기도 한다.

심지어 살아 있는 뱀에게서 직접 냄새를 훔치기도 한다는데!

뱀의 공격을 피하면서 몸을 마구 갉아 대고, 무사히 냄새를 훔쳤다면 당황한 뱀을 남겨 두고 도망친다!

이는 독사와의 정면 대결을 무릅쓰면서까지 확실한 방어 수단을 얻으려는 상남자스러운 방법!

살아남으려면 때로는 '위험'을 짊어질 각오도 필요하다.

아이벡스
높이의 한계에 도전한다!

주튜브 Zootube 깜짝!

수직 절벽

염소가 왜 뭐 하러 이런 곳까지?!

10:10 / 37:15

깎아지른 절벽에서도 태연한 유럽의 야생 염소

아이벡스는 이탈리아, 프랑스 등 유럽 여러 나라의 국경에 자리한 알프스산맥에 사는 야생 염소다. 식물을 먹고 사는 염소가 어째서인지 풀 한 포기 자라지 않는 수직 댐을 오르는 모습이 발견되기도 했다.

🐐 **크기** : 50~105cm

알프스산맥과 가까운 이탈리아의 댐

댐 벽의 높이는 50미터

?!

어째서 이런 위험을 무릅쓰는 걸까?

분류 : 포유류·소과   **먹이** : 풀   **서식지** : 알프스산맥

음메에에에에에

아이벡스
(알프스아이벡스)

알프스 부근에서 살아가는 야생 염소의 일종!

커다란 뿔이 가장 큰 특징이다.

수천 미터가 넘는 높은 산에서 풀을 뜯어 먹는다.

뿔은 해마다 커져서 10킬로그램이 넘어가기도 한다.

무겁겠다!

암컷 수컷

공기도 풀도 맛있구나~.

둘로 갈라진 부드러운 '발굽'은 작은 돌기까지 단단하게 붙잡을 수 있기 때문에 가파른 비탈에서도 미끄러지지 않는다.

중세에는 뿔이 귀한 약재로 쓰였기 때문에 마구잡이로 사냥당해 스위스에서 모습을 감추고 말았다.

너 이 자식!

그야말로 타고난 등산가!

하지만 그 후로 보호 활동을 펼치면서 스위스에서도 부활!

험한 댐을 기어오르면서까지 아이벡스가 얻으려 하는 것,

그건 바로 '소금'이다.

너무 싱겁네.

그렇게 맛있나?

할짝 할짝

염분 같은 미네랄은 풀만으로 보충하기 어렵다. 그럴 때면 댐이 '소금밭'이 되어 준다. 아이벡스는 벽에서 새어 나온 소금기를 핥아먹기 위해 다른 동물들은 엄두도 못 낼 '암벽 등반'에 도전하는 것!

땡! 소금 동전

아니 거기서?

깎아지른 절벽도 아이벡스에게는 영양가 넘치는 '보너스 게임'일지 모른다.

52

마사이기린

구름처럼 높고, 구름처럼 덧없는!

하얗게 태어난 기린의 비극

슬프고도 아름다워라

10:10 / 37:15

탄자니아에 서식하는 기린의 일종

기린은 아프리카의 사바나(열대 초원)에서 나뭇잎이나 풀을 먹으며 산다. 기린의 일종인 마사이기린은 갈색 얼룩무늬의 가장자리가 뾰족뾰족하다는 점이 특징들 중 하나다. 2016년에는 온몸이 하얀 '백변종 마사이기린'이 발견되었다.

🦒 크기 : 4~6m

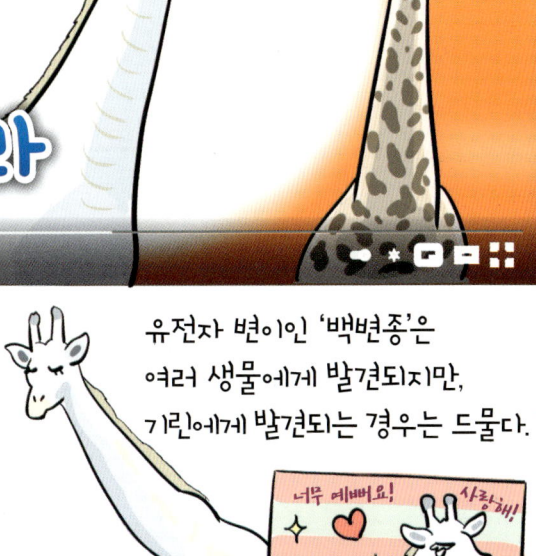

유전자 변이인 '백변종'은 여러 생물에게 발견되지만, 기린에게 발견되는 경우는 드물다.

하얀 기린의 신성한 모습은 동영상으로 널리 퍼져 전 세계의 동물 팬들을 감탄하게 했다.

그 뒤로 펼쳐질 비극은 꿈에도 모른 채···.

📋 분류 : 포유류·기린과   🍃 먹이 : 나뭇잎, 풀 등   📍 서식지 : 아프리카

53

초원의 고층 빌딩
마사이기린

사바나에서 무리를 지어 살아가는 기린의 종류 중 하나이다.

보통의 기린은 그물무늬를 갖고 있다.

기린은 700만 년이나 되는 오랜 시간을 거치며 '모든 동물 중 가장 큰 키'를 지탱하도록 진화해 왔다.

7개의 척추
자유자재로 움직이는 목
커다란 심장
강한 인대

긴 목에는 자유자재로 늘어나는 혈관이 그물처럼 있다.

갈색 부분 밑에는 혈관과 땀샘*이 모여 있다. 몸 안의 열을 내보내는 '냉각재' 역할을 한다.

★ 땀을 내보내는 기관.

머리를 갑자기 치켜들어도 빈혈에 걸리지 않고,

머리를 갑자기 내려도 뇌로 혈액이 단숨에 흘러들지 않는다.

전 세계에서도 보기 드문 '백변종'.

자라면서 점점 늘어나는 몸무게를 지탱하기 위해 다리뼈가 굵어진다.

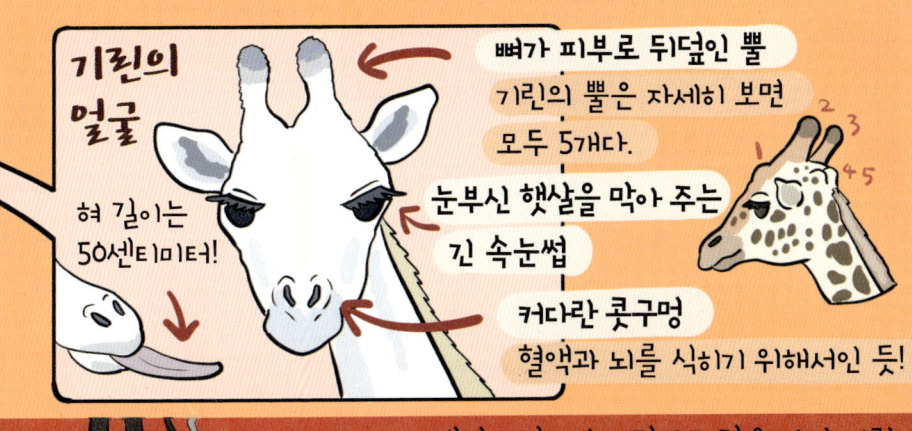

기린의 얼굴

- 혀 길이는 50센티미터!
- 뼈가 피부로 뒤덮인 뿔 기린의 뿔은 자세히 보면 모두 5개다.
- 눈부신 햇살을 막아 주는 긴 속눈썹
- 커다란 콧구멍 혈액과 뇌를 식히기 위해서인 듯!

생명이 일으킨 기적과도 같은 하얀 기린. 하지만 2020년 3월, 비극이 일어났다. 발견된 하얀 기린 3마리 중 무려 2마리(어미와 새끼)가 밀렵꾼에게 죽임을 당하고 만 것이다! 전 세계의 동물 애호가들이 슬픔에 잠겼다.

케냐의 자연 보호 단체는 마지막으로 남은 하얀 기린을 밀렵꾼으로부터 지키기 위해 1시간마다 위치를 알려 주는 위치 추적 장치를 뿔에 달았다. 사람들은 이 장치가 밀렵꾼으로부터 기린을 지켜 주는 부적이 되기를 기대하고 있다. 마사이기린은 기린 중에서 가장 수가 많았지만 30년 전에 비해 절반 가까이 줄어, 지금은 멸종 위기종이 되고 말았다.

인간의 끝없는 욕심에 희생된 새하얀 기린의 모습을 우리 마음속에서라도 영원히 기억하자.

아르마딜로갑옷도마뱀

뾰족뾰족, 동글동글

절대 뚫리지 않는 갑옷에도 약점은 있다?

10:10 / 37:15

아르마딜로처럼 갑옷을 두른 도마뱀

남아프리카의 사막이나 바위밭에 사는 도마뱀으로, 갑옷을 두른 공룡처럼 생겼다. 적은 숫자로 무리를 지어서 살아가기도 한다. 적의 공격을 받으면 뾰족뾰족한 비늘로 몸을 지키는 것이 특징이다. 흰개미 같은 곤충을 먹는다.

'갑옷'은 몸을 지키는 것뿐만 아니라, 모래나 바위로 위장해 주는 역할도 있는 모양이다.

크기: 20cm

분류: 파충류·갑옷도마뱀과 | 먹이: 작은 곤충 | 서식지: 남아프리카

뱀잡이수리

아름다움에 숨겨진 야성

주튜브 Zootube
엄청난 개인기!

아름다운 매가 지닌 강력한 기술!

고속 발차기!

10:10 / 37:15

아름다우면서도 매서운 수리

아프리카의 사바나에 사는 대형 조류이다. 곤충이나 작은 포유류 등을 잡아먹는 육식성으로, 이름에서 알 수 있듯이 뱀도 먹는다. 머리에 화살의 깃처럼 생긴 볏이 있기 때문에 활을 쏘는 '사수'란 의미의 학명이 붙었다.

우아하고 아름답게 생겨 '세상에서 가장 아름다운 새'로 불리기도 한다.

늘씬하고 긴 다리가 특징!

다리는 딱딱한 비늘로 뒤덮여 있다. '조류계의 모나리자'가 지닌 무시무시한 모습은 과연…?

크기 : 1.3m

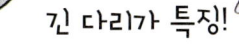
호들갑은…

분류 : 조류·뱀잡이수리과   먹이 : 곤충, 파충류 등   서식지 : 아프리카

코뿔소 (흰코뿔소·검은코뿔소)

하늘이 무너져도 지켜 내야 해!

주튜브 Zootube 깜짝!

코뿔소는 왜 하늘로 날아갔을까?!

10:10 / 37:15

아프리카 들판 위 뿔 가진 거대 동물

흰코뿔소와 검은코뿔소는 우락부락하게 생겼지만, 온순한 초식 동물이다. 흰코뿔소는 코뿔소 무리 중에서도 덩치가 가장 크다. 위험을 느끼거나 새끼를 지켜야 할 때는 뿔로 반격하기도 한다.

크기: 4m(흰코뿔소), 3m(검은코뿔소)

채소 너~무 좋아.♡ 당근

흰코뿔소와 검은코뿔소는 모두 회색.

검은코뿔소 → 뾰족한 입술
흰코뿔소 → 각진 입술

아프리카에서는 해마다 1000마리나 되는 코뿔소가 밀렵꾼들 손에 죽는다. 비싼 값에 팔리는 뿔을 노리는 인간들이 끊이질 않기 때문이다. 코뿔소를 구할 '기발한' 방법은 과연 뭘까?

1억 원 이상

분류: 포유류·코뿔소과   먹이: 풀, 키 작은 나뭇잎   서식지: 아프리카

큰머리두더지쥐

얄밉지만 살아남으려면 힘을 합칠 수밖에!!

아무런 무기도 없는 쥐가 몸에 익힌 살아남기 위한 비결

땅속에서 살아가는 왕머리 쥐

아프리카 에티오피아의 고지대에서만 사는 초식성 쥐다. 짤막한 다리로 굴을 파서 두더지처럼 땅속에서 살아간다. 이렇게 땅속에서 생활하다 보니 눈이 퇴화해 시력이 나쁘다.

영어로는 'Big-headed African Mole-Rat'이라고 불리는데, '머리가 커다란 아프리카 두더지쥐'라는 뜻이다.

1만 년 전, 고지대에 살았던 수렵 채집 민족의 별미였다고 한다. 하지만 너무 맛있으면 위험할 텐데….

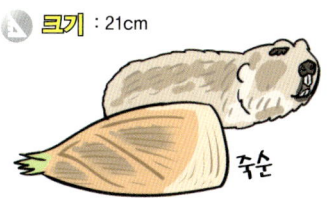

크기 : 21cm
죽순

분류 : 포유류·소경쥐과
먹이 : 풀, 뿌리 등
서식지 : 에티오피아

어디 한번 잡아먹어 보시지
큰머리 두더지쥐

기본적으로는 땅속에서 지내지만,

높이 3000미터가 넘는 에티오피아의 고지대에서만 산다.

새벽과 저녁 무렵이면 구멍을 빠져나와,

주변의 풀을 잡아 뜯고는,

잽싸게 후진한다!

토실토실한 몸매 때문에 **에티오피아늑대**의 좋은 먹잇감이다.

눈이 나쁘고 귀도 어두워 땅 위에서는 손쉬운 사냥감인데,

든든한 파트너가 있다?!
큰머리두더지쥐에게는 의외로 아무런 무기가 없는

큰머리두더지쥐의 듬직한 '경비원'…, 그 이름은 바로 **황야지대딱새**.

평소에는 큰머리두더지쥐가 파 놓은 땅에서 벌레를 주워 먹지만,

에티오피아늑대가 다가오면,

큰 소리로 운다!

피챳!! (늑대가 나타났다!)

큰머리두더지쥐는 냉큼 구멍으로 대피!!

이렇게 큰머리두더지쥐는 안심하고 풀을 먹을 수 있고,

늑대 따윈 무섭지 않아.

그래도 조금은 무서워해 줄래?

황야지대딱새는 먹이를 구할 수 있다.

동물들은 종족의 벽을 넘어 힘을 합치기도 한다.

다만 (귀가 어둡다 보니) 반드시 경고가 전해지리란 법은 없다.

피챳!! 말 좀 들어라! 우앵!

하지만 어떻게 보면 겨우 500마리만 남은 '세상에서 가장 희귀한 개과 동물' 에티오피아늑대가 살아남을 수 있도록 돕는, 생태계에서 중요한 역할을 맡고 있다고 할 수 있다.

껑충껑충 뛴다고?! 전 세계의 신기한 쥐들

작은이집트뛰는쥐

작은 캥거루처럼 뿅뿅 뛰는 신기한 쥐!

파바밧!

강한 뒷다리로 훌쩍 뛰어오른다!

펄쩍 뛰어서 천적으로부터 도망친다!

발루치스탄피그미뛰는쥐

세상에서 가장 작은 쥐의 일종이다.

500원 짜리 동전보다 작다.

벌러덩 자세

| 죽은 거 아니에요~. (자는 거임.)

큰이집트뛰는쥐

몽골과 중국 사막에 산다.

커다란 귀로 몸의 열기를 내보낸다.

팔랑 팔랑
덥다

높은 산부터 사막까지, 쥐들의 생태는 정말이지 다양하다.

편견에 사로잡힌 인간을 위한 특별 수업 — 사실은 모두 강하다고?

점박이하이에나 VS 사자

'사자가 사냥한 먹잇감을 훔치는 비겁한 동물'이라는 하이에나의 인상은 대부분 인간이 만들어 낸 편견이다.

실제로는 사자가 하이에나의 먹잇감을 빼앗는 경우가 더 많다는 조사 결과도 있다!

물론 '먹기' 위해서 수단을 가리지 않는 건 자연에서는 당연한 일…. 하지만 이상하게 하이에나만은 '비겁한' 동물이라며 손가락질을 당한다.

  : 포유류·고양이과 　　먹이 : 소형~중형 동물 등 　　서식지 : 아프리카

  : 포유류·하이에나과 　　먹이 : 소형~중형 동물 등 　　서식지 : 아프리카

그렇다, 사실 하이에나는 어엿한 사냥꾼이다!

오랜 시간을 달릴 수 있는 강인한 체력으로 먹잇감을 몰아붙인다!

우앗!

턱 힘이 무척 세서 뼈째로 씹어 부순다!

딱딱해서 먹기 힘든 머리까지 뚝딱!

먹잇감을 남김없이 먹어 치워서 사체를 남기지 않기 때문에 '사바나의 청소부'로서도 무척 중요한 동물이다.

하이에나는 '세상에서 가장 복잡한 사회를 이루는 육식 동물'이라고 하는데, 무리의 규모가 80마리를 넘는 경우도 있다고 한다!

무리를 이끄는 지도자는 암컷!

무리에는 엄격한 질서가 있기 때문에 인사는 절대 빼먹지 않는다.

기특한 녀석들 같으니.

♀ ♂ 누님~

서열이 높은 상대의 성기 냄새를 맡는다.

실례 좀 할게요.

킁 킁

♀ 음? 깩!

토막 상식
암컷 하이에나의 성기도 수컷처럼 길게 튀어나와 있다.

의사소통을 중요시하는 똑똑한 육식 동물인 셈이다.

이럴 수가! 사자에게 '잡아먹히려는' 하이에나가 있다고?!

놀랍게도 스스로 사자에게 '잡아먹히려는' 하이에나가 있다!

원인은 '톡소플라스마'라는 기생충으로 생각된다. 톡소플라스마에 감염된 점박이하이에나는 감염되지 않은 하이에나보다 약 4배나 더 잡아먹히기 쉽다고 한다. 특히 어린 한 살배기 하이에나가 톡소플라스마에 감염되면 사자에게 겁 없이 다가가 잡아먹힐 위험이 높아진다.

톡소플라스마의 '표적'은 고양잇과 동물. 그래서 숙주들의 '마음'을 조종한다! 예를 들면 무모하게 행동하도록 쥐를 조종해 고양이에게 잡아먹히도록 한 뒤, 고양이에게 들러붙는 것이다. 하지만 하이에나나 사자 같은 대형 포유류 사이에서 이러한 증상이 확인된 것은 처음이다.

참고로 사람 역시 톡소플라스마의 '중간 숙주'가 될 수 있는 동물이다. 무려 세계 인구의 3분의 1이 감염되어 있다고 한다! 기생충의 한계는 과연 어디까지일까?

제 2 장

숲에서 현명하게 살아가는 친구들

숲에서는 지혜만 있으면 살아남을 수 있다!!

숲에는 식물이나 과일이 많기 때문에 초식 동물들이 모여든다. 그리고 이런 초식 동물들을 노린 육식 동물들까지 찾아오면서 수많은 생물이 한자리에 모이게 된다. 숲에는 숨을 곳도 많아 싸움을 못하는 약한 생물이라도 머리만 잘 쓰면 살아남을 수 있다. 영리하게 살아가는 생물들의 모습을 살펴보자!

자세한 내용은 P.107

조그마한 생물의 숨겨진 개인기

덩치가 작은 텐렉은 육식 동물의 사냥감이 되기 일쑤다. 하지만 몸의 특징을 이용한 특기를 살려서 용케 숲에서 살아남는 데 성공했다.

나무를 갉는 비버는 사실…,

비버는 나무를 갉아서 자신들이 살아갈 보금자리를 만든다. 나무를 쓰러뜨리는 것만 보면 숲의 환경을 파괴하는 것 같았는데…, 알고 보니 비버가 숲을 지키고 있었다고?!

자세한 내용은 P.97

자세한 내용은 P.109

숲의 제왕에게도 약점이…,

숲에서 생태계의 제왕 자리에 있던 대형 육식성 조류, 부채머리수리! 그런 부채머리수리도 당해 내지 못하는 상대는 과연 누구일까…?

고기잡이살쾡이

날렵하게 헤엄쳐서 물고기를 잡는다

주튜브 Zootube · 엄청난 개인기!

헤엄치는 고양이

슬쩍~ 첨벙 우앗!

물속으로 다이빙해서 물고기를 낚아챈다!!

▶ 13:17 / 37:15

물속 세계에 적응한 별난 고양이

동남아시아처럼 강이 많은 지역에서 살아가는 고양이. 고기잡이살쾡이라는 이름에서 알 수 있듯이 물속으로 잠수해서 물고기나 개구리, 가재 등을 잡아먹는다. 뭍에서 생쥐를 사냥하기도 한다.

🔍 **크기** : 80cm

슬라이딩

인도나 동남아시아의 늪지, 맹그로브* 숲처럼 물이 풍부한 곳에서 살아간다!

★ 열대나 아열대 기후 지역의 강변, 하구, 바닷가 진흙 등에서 자라는 나무.

어쭈? 임무 완죠! 꿀꺽

'고양이라면 물에 약하지 않을까…'라는 이미지를 완전히 깨뜨리는 물냥이다.

🔍 **분류** : 포유류・고양이과 　 🔍 **먹이** : 물고기, 수생 동물 등 　 🔍 **서식지** : 동남아시아

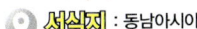

분홍산누에나방

달콤한 디저트처럼 알록달록한 나방?!

주튜브 Zootube
엄청난 개민기!

신기한 나방

화려한 색깔에 숨겨진 비밀은…?!

13:17 / 37:15

디저트처럼 달달한 핑크색 나방

캐나다나 미국 북부에서 서식하는 화려한 생김새의 나방이다. 단풍나무 등의 이파리를 먹으며 몇 개월 동안의 애벌레 시기를 보낸다. 화려한 색깔의 어른벌레와는 달리 애벌레는 다른 나방처럼 평범한 초록색이다.

어느 날, 이 화려한 나방이 SNS를 발칵 뒤집어 놓았다!

이런 걸 봤어!
7만 / 50만
이게 뭐임?!
너무 화려한 거 아님?
포켓몬이냐고.

폭신폭신하고 화려한 색깔, 마치 인형 같다!

그런 건 또 어디서 팝니까…. 내가 만들었어.♡
나방 인형

색깔이 왜 이렇게 예쁜 걸까?

크기 : 3~5cm
누에 중에서 가장 작다.

분류 : 곤충・산누에나방과
먹이 : 단풍잎
서식지 : 캐나다, 미국 북부

물까치라켓벌새

주튜브 Zootube · 엄청난 개인기!

길고 길고 기나긴 사랑

사랑을 노래하는 긴꼬리벌새

> 그대를 처음 봤을 때부터 나는 번개를 맞은 듯했지….

> 그대의 눈동자는 꼭 에메랄드 같아라. 그 눈동자에 내 가슴은 벌렁거린다네.

> 하지만 이 만남도 겨우 시작일 뿐.

> 다음 이 시간에….

> …? 언제 끝나? ♀

13:17 / 37:15

길고 아름다운 꼬리로 매력을 발산하는 벌새

남미 페루, 안데스산맥의 열대 우림에 사는 벌새다. 덩치는 작지만 수컷은 몸 길이의 3~4배가 넘는 아름다운 꼬리깃을 지녔다. 공중에서 멈춘 것처럼 비행하면서 꽃의 꿀을 핥아먹는다.

아름다움은 위험을 불러오기도 한다. 사냥꾼들에게 사냥당하는 것도 모자라 수컷의 심장이 사랑의 묘약으로 쓰인다는 미신이 있기 때문…. 게다가 숲을 밀고 농사지을 땅으로 바꾸는 바람에 숫자는 점점 줄어들고 있다.

> 이건 비과학적인…!

새는 물론 사람까지 반하게 하는 '꽁지깃'의 비밀은?

> 쿨~

크기 : 15~17cm (꽁지깃 포함)

분류 : 조류·벌새과   **먹이** : 꽃의 꿀   **서식지** : 페루

길기도 길구나
물까치라켓벌새

수컷은 2개의 긴 꽁지깃 끝에는 라켓처럼 생긴 커다란 깃털이 달려 있다.

다른 벌새들과 마찬가지로 공중에서 멈추는 게 특기.

이 꽁지깃들은 마음대로 움직일 수 있다.

더블 라켓 전법!

치사해!

파 파 파 파 팟

♀ 저게 뭐참~?

암컷의 꽁지는 길지 않다.

수컷은 꽁지깃을 움직여 공중에서 화려하게 춤추며 암컷에게 사랑을 표현한다!

아이 러브 유!
사랑해! 사랑해! 사랑해!

다만 화려하다고 100퍼센트 성공이라는 보장은 없다.

충 — 격

다음에 또 봐요~!

쓸쓸한 밤이구나….

홀쩍

※ 밤에 홀로 잠을 청하노니, 드리워진 산새 꼬리처럼 기나긴

카키노모토노 히토마로 (일본의 시인)

이렇게 명작이 탄생했다….(거짓말).

(※ [해설] 길게 늘어진 산새의 꼬리처럼 긴 밤에 혼자서 자려니 외롭다는 내용.)

게잡이원숭이

주튜브 Zootube / 엄청난 개인기!

스마트폰을 돌려받고 싶으면 게를 내놓으라고?!

사람한테 훔친 물건으로… 거래를?!

부디 이거 받으시고….

13:17 / 37:15

동남아시아 숲에 사는 똑똑한 원숭이들

바닷가와 가까운 숲이나 맹그로브 숲에서 무리 지어 살아가며 게나 곤충, 도마뱀, 과일 등 뭐든 잘 먹는 잡식성 원숭이. 머리가 똑똑해서 공원이나 사원 등 사람이 사는 곳까지 내려와 어울려 지내는 원숭이도 있다.

인도네시아 발리섬의 사원에 사는 게잡이원숭이는 관광객들의 물건을 훔친다!

히히힛
내 거!
으앗?!
이것도 내 거!
원숭이들의 목적은 대체 뭘까?

크기 : 40~60cm

슬쩍~
꽃게탕

- 분류 : 포유류 · 긴꼬리원숭이과
- 먹이 : 게, 곤충 등
- 서식지 : 동남아시아 등

사업가 원숭이
게잡이원숭이

동남아시아 여러 지역에 살고 있는 원숭이. 발리섬의 사원에서 살아가는 게잡이원숭이의 특기는 '도둑질'이다.

이름처럼 게를 먹는다!

투구게도 먹는다!

게 말고도 곤충이나 개구리, 과일 등을 먹는 잡식성이다.

'도둑질'의 대상은 안경이나 모자에 그치지 않고,

스마트폰이나 액세서리 같은 귀중품까지 훔치기 시작했다! 그런데 대체 왜 게잡이원숭이들은 이런 행동을 하는 걸까? 사실 게잡이원숭이들은 훔친 물건을 '보상을 요구하기 위한 도구', 다시 말해 '돈'처럼 사용한다.

주는 대로 먹는 게잡이원숭이의 운명은…?

사람으로부터 먹이를 받아먹는 원숭이들이지만, 때로는 도를 넘어서는 경우가 있는 모양이다. 태국 방콕의 한 시장에서 아주 뚱뚱해진 게잡이원숭이가 발견되어 화제에 올랐다.

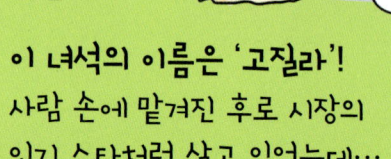

이 녀석의 이름은 '고질라'! 사람 손에 맡겨진 후로 시장의 인기 스타처럼 살고 있었는데…,

먹을 것을 너무 많이 얻어먹은 탓에 엄청나게 살이 찌고 말았다!

태국 정부는 고질라의 먹이양을 줄이면서 다이어트시키는 중이라고 한다.

게잡이원숭이가 사람이 주는 먹이에 지나치게 의존하는 문제는 '코로나바이러스-19'가 널리 퍼지면서 한층 심각해졌다.

관광객 수가 크게 줄어들자 게잡이원숭이들의 먹이도 줄어들고 말았다.

배가 고픈 나머지 공격적으로 변한 게잡이원숭이도 많다.

때로는 친근한 이웃처럼 사랑받고 때로는 신처럼 모셔지던 게잡이원숭이들이지만, 주민들의 관계에도 금이 가기 시작했다. 이제 인간과 동물의 관계를 다시금 생각해야 하지 않을까?

동고비

정보화 사회를 억척스럽게 살아가는 새

위험이 닥치면… 리트윗!

박새군
@Bird Park
위험한 녀석이 나타났다!!

여기저기 퍼뜨려 줘!!

13:17 / 37:15

우리 주변의 산과 들에 살고 있는 작고 귀여운 새

아시아, 유럽 등 다양한 지역에 살고 있는 참새만 한 새. 한국과 일본에서도 자주 눈에 띈다. 1마리 혹은 2마리가 짝을 이뤄 나무 위에서 살아가며, 나무 구멍에 둥지를 짓는다. 벌레나 나무 열매, 과일 등을 먹는 잡식성이다.

크기 : 11cm

안 빠져!
동전

배고파~.
저거 뭐야?
여친 구함~.

쇠박새

트윗 (지저귐)

적이다!

동고비

리트윗
(따라서 지저귐)

적이다!!

'리트윗'에 숨겨진 비밀은 뭘까?

분류 : 조류·동고비과 **먹이** : 벌레, 나무열매 등 **서식지** : 아시아, 유럽 등

카카포
낙원의 끝

깜짝!

세상에서 가장 약한 새에게 닥친 멸종의 위기!

카카포를 지켜라!

'최첨단 기술'로 지킬 수 있을까?!

13:17 / 37:15

세상에서 유일하게 날지 못하는 앵무새

뉴질랜드에서만 살아가는 앵무새의 일종이다. 올빼미앵무새라고도 불린다. 하늘을 날지 못하지만, 나무를 잘 타서 과일이나 씨앗을 주로 먹고 벌레 따위도 먹는다. 수명이 길어서 50년 넘게 살기도 한다.

우스꽝스러운 몸짓을 자주 보여 주기 때문에 '파티 패럿(Party Parrot)'이라는 별명도 있다.

때로는 사람의 머리를 자신의 짝으로 착각해 야단법석을 부리기도…!

크기: 60cm

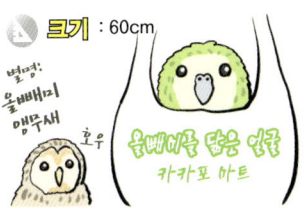

별명: 올빼미앵무새

올빼미를 닮은 얼굴
카카포 하트

분류: 조류·뉴질랜드앵무과 **먹이**: 과일, 씨앗 등 **서식지**: 뉴질랜드

낙원에 찾아온 종말
카카포

초록색 등 색깔은 풀숲에 몸을 숨기기 알맞다!

날개를 쓸 일은 나무에서 내려올 때 정도뿐이다.

하루에 수 킬로미터를 걸을 수 있는 튼튼한 다리.

벼랑 끝까지 내몰린 카카포 이야기

먼 옛날, 카카포는 낙원 같은 숲에 살고 있었다. 섬에는 천적도 별로 없어서 카카포는 평화로운 생활에 맞춰서 진화했다.

그런데 어느날, 섬에 인간이 찾아왔다.

이들은 카카포를 노리고 숲을 마구 베어 내기 시작했다.

게다가 인간과 함께 섬으로 들어온 동물들이 무시무시한 포식자로 변했다!

경계심도 없고 통통해서 날지도 못하는 카카포는 딱 좋은 먹잇감이었다.

우앗!

그중에서도 '낙원'을 '지옥'으로 바꿔 놓은 건 인간의 배를 타고 온 쥐들이었다!

쥐들은 카카포의 알과 새끼를 먹어 치웠고, 카카포의 숫자는 크게 줄었다.

1995년에는 카카포의 숫자가 50마리까지 줄어들고 말았다.

카카포 죽…

우앗!

그야말로 멸종의 위기….

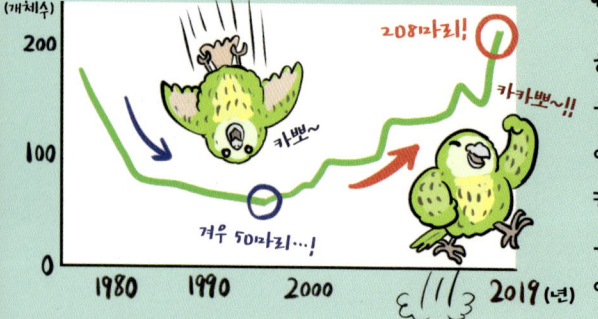

화식조

불을 삼키는 거대한 새?

Zootube 주튜브
깜짝!

위험한 새
화식조의 본성은 과연 뭘까?!

13:17 / 37:15

열대 지방 숲에 사는 세상에서 가장 위험한 새

주로 열대 지방의 숲에 살고 있는 거대한 새로, 몸무게가 20킬로그램이 넘어가는 경우도 있다. 하늘은 날지 못하지만 강한 다리를 이용한 빠른 달리기, 점프, 발차기가 특기다. 과일이나 벌레 등 뭐든 잘 먹는다.

크기 : 1.2~1.7m

17세기 일본 문서에도 등장
그때는 타조라고 불렸다.

적을 갈기갈기 찢어 버리는 날카로운 발톱 때문에 화식조를 기르던 사람이 공격을 받아 목숨을 잃은 사건도 있었다.

인간 주제에 어디 감히···.

으아아악!

위험한 새에 숨겨진 '본성'은 과연···?

분류 : 조류·화식조과   먹이 : 과일, 벌레 등   서식지 : 오스트레일리아, 뉴기니섬 등

고슴도치 VS 오소리

낮에 잠을 자고 밤에 먹이를 찾으러 나서는 고슴도치. 유럽에서는 고슴도치가 찾아오는 집에 '행복이 온다'는 말이 있을 정도로 많은 사랑을 받는다(먹이를 너무 줘서 뚱뚱해지기 일쑤!).

고슴도치는 바늘처럼 단단해진 털로 몸의 표면이 뒤덮여 있다! 일단 방어 자세로 들어가면 좀처럼 손대기 힘든 무적의 갑옷처럼 보이지만, 생각지 못한 어려움이 있다고 하는데…?

| 분류 : 포유류·족제비과 | 먹이 : 작은 동물, 곤충, 나무 열매 등 | 서식지 : 유럽, 아시아 등 |
| 분류 : 포유류·고슴도치과 | 먹이 : 지렁이, 곤충, 씨앗 등 | 서식지 : 유럽, 아시아 등 |

고슴도치의 숫자가 크게 줄어들고 있다!

2018년 영국에서 조사한 결과에 따르면 개체 수가 1995년에 비해 '3분의 1'로 줄어들었다.

이렇게 갑자기 숫자가 줄어든 이유는 '오소리'가 늘어난 탓이라고도 한다. 오소리는 긴 발톱과 강력한 앞발을 이용해 방어 자세에 들어간 고슴도치를 '억지로 열어젖혀서' 잡아먹는다! 고슴도치에게는 '가장 무서운 천적' 중 하나인 셈이다.

껍데기만 남은 고슴도치의 시체가 있다면 오소리가 저지른 짓일지도 모른다.

고슴도치에게 오소리는 먹이(벌레 등)를 놓고 다투는 경쟁자이기도 하다! 오소리가 많은 지역은 고슴도치가 살기 힘든 곳이라고 볼 수 있지 않을까?

고슴도치가 줄어든 데는 환경의 변화도 큰 영향을 끼쳤다.

영어로 고슴도치를 의미하는 헤지호그(Hedgehog)는 번역하면 '산울타리(Hedge)의 돼지(Hog)'라는 뜻! 돼지처럼 코를 킁킁거리며 산울타리를 헤집고 다니는 모습에서 유래한다고 하는데!

최근 산울타리가 콘크리트 담장으로 변하면서 고슴도치가 살기 힘들어졌다.

교통사고를 당하는 고슴도치도 크게 늘어났다! 한 해에 1만 마리 이상의 고슴도치가 도로에서 목숨을 잃는다는 안타까운 조사 자료도 있다.

그밖에도 인간 때문에 고슴도치가 다치고 목숨을 잃는 경우가 많다!

무엇보다 숲을 없애고 땅을 개발하면서 고슴도치가 보금자리를 잃어가고 있다는 사실은 새삼 설명할 필요도 없다.

충분한 먹이와 땅만 있다면 고슴도치와 오소리는 함께 살아갈 수 있다는 자료도 있다. '행복의 상징'인 고슴도치의 행복한 삶을 지키기 위해 인간이 고쳐야 할 점은 너무나도 많다.

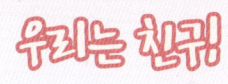

고슴도치는 태어날 때부터 '바늘투성이'일까?

고슴도치는 한 번에 약 3~4마리의 새끼를 낳는다. 갓 태어났을 때의 바늘은 액체에 감싸여 있다(그 덕분에 어미도 아프지 않다).

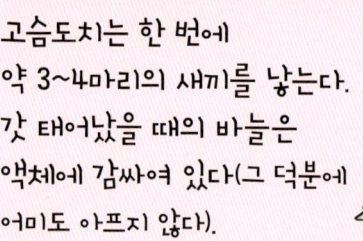

도꼬마리
(창이자라고도 한다.)

예전의 나를 보는 것 같구나….

약 2.5센티미터

태어난 후 2~3일이면 5밀리미터 정도의 바늘이 돋아난다.

바늘은 태어난 후 6주가 지나면 성숙해진다.
바늘의 상태는 고슴도치가 얼마나 잘 자랐는지 알려 주는 '지침'인 셈이다.

순순히 잡아먹힐 줄 알아? 고슴도치의 반격!

긴귀고슴도치는 특이한 능력으로 사막에서 살아남은 사냥꾼이다.

커다란 귀로 열을 내보내서 몸을 식힌다.

파닥
파닥

곤충부터 도마뱀까지 뭐든 잘 먹는다! 10주 동안이나 아무것도 먹지 않고 살아남을 수 있다.

우앗!

해피 포치

독에 내성이 있어 독사의 이빨도 통하지 않는다.

슬리데린은 싫어….

사앗!

독사를 잡아먹기도 한다!

꼿꼿하게 선 바늘처럼 그야말로 '꼿꼿하게' 살아가는 고슴도치다.

비버

앞니로 강물의 흐름부터 환경까지 바꾸는 동물

장인의 기술로 삶을 쾌적하게!

부수기도 하고 짓기도 하는 자연계의 소문난 건축가

비버는 쥐와 가까운 친척으로 미국비버와 유럽비버, 2종이 있다. 물가에서 살며 식물을 먹는다. 나뭇가지나 크고 튼튼한 이빨로 깎아 낸 나무 등으로 댐을 만들어서 자신의 보금자리를 꾸민다.

캐나다의 한 국립 공원에서 비버가 만든, 세계에서 가장 큰 댐이 발견되었다! 길이는 무려 약 850미터!

너무 거대해서 우주에서도 보일 정도.

'건설'이 시작된 때는 1970년대, 50여 년 동안 아들 손자까지 힘을 합쳐 엄청난 댐을 만들어 냈다. 비버가 댐을 만드는 이유는 뭘까?

크기 : 1m

분류 : 포유류·비버과 **먹이** : 풀, 나무껍질이나 잎 **서식지** : 북아메리카, 유럽

비버는 '생태계의 기술자'라고도 불린다. 비버가 만든 댐과 수로 덕분에 생태계가 풍요로워지기 때문이다.

댐이 있으면 강물의 흐름이 느려져서, 연어 같은 물고기도 살기 좋아진다.

비버가 만든 댐은 여러 동물에게 길이 되어 주기도 한다.

카메라로 찍어 보니 1년 동안 수많은 야생 동물이 댐을 '건너고' 있었다.

비버가 화재로부터 숲을 지킨다는 연구 결과도 있다. 비버가 만든 댐이나 연못 주변 나무는 물기를 잔뜩 머금고 있어 동물이나 식물들의 '대피소'가 되어 주기 때문이다.

최근에 대규모 산불이 벌어졌을 때는 비버가 만든 습지 덕분에 불길이 넓게 퍼지지 못했다. 비버는 숲의 '건축가'일 뿐 아니라 숲의 '지킴이'일지도 모른다.

시샤* & 비버
(*일본의 오키나와를 지키는 상상의 동물)

팔공거미

오늘 날씨는 흐린 가운데 이따금… 거미가?

하늘에서 내려왔지만 사실은 평범한 거미

지금으로부터 약 200년 전, 어느 생물학자가 탄 배에 작은 거미가 날아들었다. 거미는 숲이나 논밭에서만 살 것 같지만, 알고 보니 하늘을 날아서 서식지를 넓히고 있었다. 그리고 최근에서야 거미가 하늘을 나는 원리가 밝혀졌다.

크기 : 5mm~2.5cm

참고로 그 생물학자는 다름 아닌, 찰스 다윈이었다!

거미는 무슨 수로 하늘을 날아온 걸까?

분류 : 절지동물   먹이 : 작은 벌레 등   서식지 : 전 세계

사탄잎꼬리도마뱀붙이

마다가스카르섬에서 발견된 진화의 신비

엄청난 개인기!

악마인가 유령인가

벌써 가을이네···.

어쩌다 이런 모습으로 변한 걸까?!

13:17 / 37:15

마다가스카르섬에 숨어 사는 흉내쟁이 도마뱀붙이

동아프리카의 마다가스카르섬에서 사는 도마뱀붙이의 일종이다. 몸의 색깔과 무늬가 시든 나뭇잎과 똑같이 생긴 것이 특징이다. 자연에 몸을 숨기는 '의태'를 이용해 천적으로부터 도망치거나 먹잇감인 곤충에게 다가간다.

등에는 '잎맥'과 똑같이 생긴 줄무늬까지 있다.

나를 따라한 거야?

꼬리는 나뭇잎과 똑같이 생겼는데, 심지어 '벌레 먹은 구멍'이 뚫려 있는 경우도 있다!

와작 와작

야앗!

🔍 **크기** : 7~10cm

책갈피

🔖 **분류** : 파충류·도마뱀붙이과　　🍴 **먹이** : 곤충 등　　📍 **서식지** : 마다가스카르섬

103

나뭇잎 변신술
사탄잎꼬리 도마뱀붙이

괴물 같은 생김새로 현지에서는 '악마의 심부름꾼'이라 불리며 두려움을 사고 있다.

눈 위에는 뿔처럼 생긴 돌기가 있다.

야행성이며 나무 위에서 생활한다.

날개를 합성한 사진 때문에 '용을 발견했다'며 화제에 오르기도?

쩍 벌어지는 입

유령처럼 눈에 띄지 않는 완벽한 '위장 기술'을 보면 마치 처음부터 나뭇잎처럼 변장하려고 몸 전체를 나뭇잎과 비슷하게 만든 것처럼 보일 정도다.
하지만 이것은 '진화'의 결과물이다.

뿅!

위장술에 뛰어난 도마뱀붙이는 천적이나 먹잇감에게 잘 발견되지 않기 때문에 살아남아 자손을 남기기도 쉬워진다. 이러한 '자연 도태'가 일어나는 사이, 몸이 점점 '나뭇잎'과 비슷한 모습으로 진화한 듯하다.

으악!

특히 마다가스카르섬처럼 사방이 바다로 둘러싸인 환경에서는 진화가 발생하기 쉽다. 신비한 '진화 실험장' 같은 세계, '섬'이란 바로 그런 곳이다.

안전하자는 날개도…?

후후후…

검은여우원숭이

벌레의 맛에 헤롱헤롱★

깜짝!

이럴 수가!!

예이~~!

노래기 식당

으앵?

노래기의 독이 오히려 약이 된다?!

13:17 / 37:15

마다가스카르섬의 검은여우원숭이

검은색의 수컷과 갈색의 암컷이 무리를 이루어 마다가스카르섬의 숲에서 살아간다. 과일이나 곤충 등을 먹는 잡식성이다. 여우원숭이 무리는 입이 앞으로 튀어나와 있으며 꼬리가 긴데, 이 모습이 여우를 닮았다고 해서 여우원숭이라는 이름이 붙었다.

독을 지닌 노래기에게 먼저 다가가는 동물은 거의 없다.

비켜라, 비켜!

스멀스멀

우엑!

응?

짝

하지만,

쿠쿠쿠쿠쿠

여우원숭이는 다가간다!

크기 : 40cm

샤잇!

검은고양이

분류 : 포유류·여우원숭이과

먹이 : 과일이나 곤충 등

서식지 : 마다가스카르섬

검은여우원숭이
영험한 애주가의 전설

마다가스카르섬 북서부에 살고 있는 여우원숭이.

귀에는 길고 하얀 털이 나 있다.

수컷은 온몸이 검은색이다.

암컷의 몸은 밤색 털로 뒤덮여 있고,

5~15마리가 무리를 이루어 생활한다. 무리의 우두머리는 암컷!

덥석 / 우악!

여우원숭이에게 물린 노래기는 독을 내뿜는다.

길고 굵은 꼬리

여우원숭이는 노래기를 털가죽에 문질러서 그 독으로 기생충이나 세균을 지닌 모기를 쫓는다. 마치 '벌레 방지 스프레이'처럼 말이다.

그런데 노래기의 독에는 또 다른 놀라운 쓰임새가 있었다. 그것은 바로, 취하게 해 주는 것! 독을 아주 살짝 마시면 알딸딸해지면서 여우원숭이의 기분이 좋아지는 모양….

으흥?

휙

주정뱅이는 정말 싫어!

볼일을 마치면 노래기는 대부분 얌전히 놓아준다고 한다.

고양이가 좋아하는 '캣닢'과 같은 효과가 아닐까.

얼핏 보면 무서워 보이는 생물 속에서도 '행복'을 찾아 인생을 즐기는 검은여우원숭이다.

줄무늬텐렉

나는야 음악가♪ 줄무늬텐렉이라네♪

몸으로 음악을 연주하는 유일한 포유류

고슴도치가 아니고, '텐렉'이라고!

마다가스카르섬에서만 사는 작은 동물 텐렉의 일종이다. 잡식성으로 곤충이나 과일 등 뭐든 잘 먹는다. 바늘 같은 털로 몸을 지키는데, 구멍을 파서 몸을 숨기며 지내기도 한다.

고슴도치처럼 생겼지만, 유전적으로는 코끼리나 듀공에 가까운 동물이라고 한다.

크기 : 15cm

줄무늬텐렉에게 신기한 능력이 있다는데…?

분류 : 포유류·텐렉과   먹이 : 작은 생물, 식물   서식지 : 마다가스카르섬

바늘과 소리야말로 '생명 줄'
줄무늬텐렉

특이하게 노란색과 검은색이 조화를 이룬 바늘은 쓰임새도 다양하다.

목 주변의 바늘에는 갈고리처럼 생긴 '미늘'이 달려 있다. 그 덕분에 바늘이 적의 몸에 잘 꽂히고 반대로 자신의 몸에서는 잘 빠진다.

천적들로 가득한 마다가스카르섬의 숲에서 줄무늬텐렉이 친구들이나 어미와 헤어졌다면…?

그럴 때 독특한 '소리'가 생명 줄이 되어 준다!

줄무늬텐렉 등에는 굵고 짧은 바늘 같은 털이 15가닥 정도 뭉쳐서 자라나 있다. 이 털을 비비면 찌직 소리가 난다.

이 고주파음을 이용해서 멀리 떨어진 새끼나 친구를 향해 안전하게 신호를 보낼 수 있다. 귀뚜라미나 방울벌레가 날개를 마찰시켜서 소리를 내는 것과 같은 원리다. 이런 기술을 쓸 줄 아는 포유류는 줄무늬텐렉뿐이다.

부채머리수리

아마존을 호령하는 제왕의 날개

주튜브 Zootube

엄청난 개인기!

최강의 독수리

부채머리수리의 비법은?!

13:17 / 37:15

중남미 아마존의 먹이 사슬 최강자

멕시코나 브라질 등의 정글에서 살고 있는 최강의 새다. 몸무게가 10킬로그램이 넘는 경우도 있는데, 매 중에서는 가장 무겁다. 높은 나무 위에 지어 놓은 둥지에 알을 낳고 새끼를 키운다. 새끼는 온몸이 하얗다.

몸무게가 6킬로그램이나 되는 나무늘보도 거뜬히 낚아챈다. 먹잇감은 아르마딜로나 작은 사슴부터 원숭이까지, 다양하다.

우앗!

가시투성이인 호저 사냥도 누워서 떡 먹기.  이런 '최강의 독수리'에게 숨겨진 비밀이 있다?

따끔따끔

앗, 따가워!

우앗!

크기 : 1m
※ 날개를 펴면 약 2m.
먹을래?
나는 됐어….

분류 : 조류·매과 먹이 : 포유류 등 서식지 : 중남미의 정글

인도점핑개미

Zootube 주튜브
수수께끼야!

뇌 이놈~! 감히 내가 누구인 줄 알고!

이게 말이 돼?!

뇌의 크기가 변하는 개미가 있다고?!

여왕 폐하, 새로운 뇌를 대령했사옵니다.

13:17 / 37:15

커다란 눈과 사슴벌레 같은 큰 턱.

여왕의 자리를 놓고 싸우는 신기한 개미들

인도의 평야에서 살아가는 개미로, 커다란 턱이 특징이다. 다른 개미와 같이 무리 지어 생활한다. 여왕개미나 일개미 등으로 역할이 나뉘어 있지만, 인도 점핑개미들은 여왕의 자리를 둘러싸고 남다른 행동을 보인다.

🔍 **크기** : 2.5cm

몸길이의 4배나 되는 거리를 뛰어서 먹잇감을 사냥하기 때문에 '점핑개미'라는 이름이 붙었다.

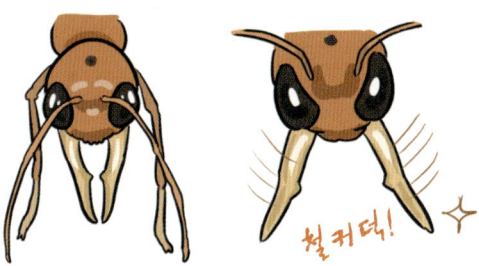

🐜 **분류** : 곤충·개미과   🍖 **먹이** : 작은 벌레 등   📍 **서식지** : 인도

111

뇌를 줄였다 늘렸다
인도점핑개미

보통 개미 무리에서 여왕개미가 될 개미는 태어날 때부터 정해져 있다. 그래서 여왕이 아닌 암컷 일개미는 번식하지 못한다.

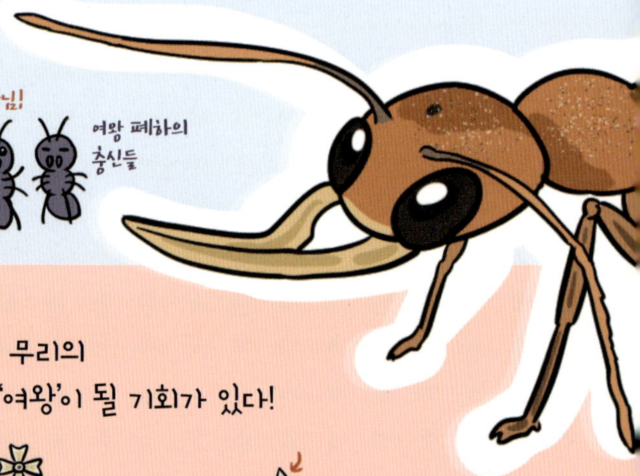

하지만…, 인도점핑개미 무리의 모든 암컷은 '여왕'이 될 기회가 있다!

여왕개미가 죽으면 일개미들이 여왕 자리를 두고 싸움을 벌인다!

여왕의 자리를 둘러싼 싸움은 치열하다! 이 싸움은 무리의 암컷들 중 70퍼센트가 참가하기도 하는 '왕좌의 게임'이다!

창처럼 날카로운 턱으로 서로를 찌르며 승부를 가린다. 싸움은 무척 오랫동안 펼쳐진다. 최고 40일까지 이어진 적도 있다고 해!

싸움에서 승리해
여왕개미처럼
번식할 수 있게 된
일개미들은
'생식 일개미'라고 불린다.

싸움에서 이긴 생식 일개미의
몸 안에서는 다양한 변화가 일어난다.

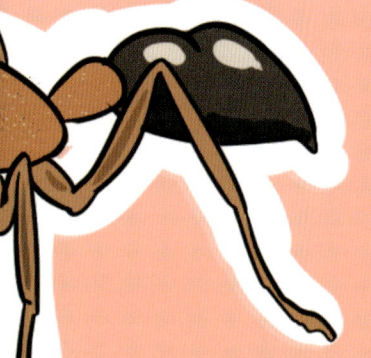

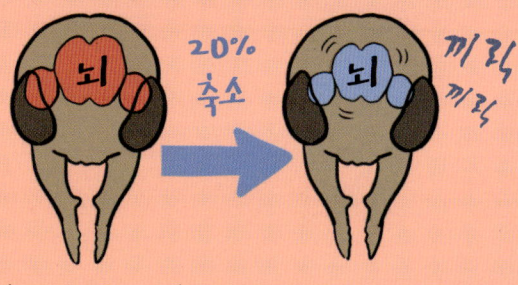

가장 큰 변화는 뇌가 작아진다는 사실이다!
특히 뇌에서 시각을 담당하는 '시엽'이 약해진다.

사냥에 도움을 주는 뛰어난 인지 능력도
떨어진다. 어둠 속에서 열심히
알만 낳으면 되는 여왕개미에게
필요하지 않은 능력이라서가 아닐까.

여왕개미는 쪼그라든 뇌 대신, 난소를 5배 크기로 발달시켜서
알 낳는 능력을 높인다.

뇌는 많은 에너지를 사용하는 기관이므로, 뇌에서 필요하지 않은 부분을
덜어 내는 것은 생명을 유지하기 위한 전략일지도 모른다.

인도점핑개미의
뇌에 숨겨진
또 다른 비밀은?

→ 다음 장에 계속

끝나지 않은 비밀?! 인도점핑개미의 뇌

또 다른 놀라운 사실은… 작아진 뇌가 '원래대로 돌아간다'는 것이다!

'생식 일개미'를 몇 주 동안 둥지에서 떼어 놓으면, 여왕으로서의 기능도 정지한다.

생식 일개미가 다시 원래 살던 둥지로 돌아오면 다른 일개미들에게 붙잡히고 때로는 며칠씩 갇히기도 한다.

이것은 '단속'이라 불리는 행동으로, 일종의 '감옥에 가두는' 조치로 짐작된다. 이렇게 '단속'당한 '생식 일개미'는 뇌의 크기가 다시 커지고,

 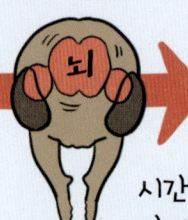 

시간이 지나면 평범한 일개미로 돌아오게 된다.

여왕의 자리에서 쫓겨나더라도 '다시 시작할 수 있다'는 점을 보면 '친절한 제도'가 아닐까?

뇌가 커지거나 작아지는 성질은 일부 포유류나 조류 등에서도 발견된 사례가 있다.

아주 작은 포유류 땃쥐를 예로 들자면…,

겨울 동안 뇌를 작게 줄여 에너지를 절약한다. 뇌는 봄에 원래대로 돌아온다.

하지만 곤충에게서 발견된 것은 처음이다.
이 수수께끼로 가득한 분야를 연구하다 보면 사람의 뇌신경을 되살리는 꿈 같은 일도 언젠가는 이루어질 날이 오지 않을까?

늑대

주튜브 Zootube · 깜짝! · 같이 놀자~

무서워? 안 무서워?
둘 중 어느 쪽이야?

"케르베로스?!"

13:17 / 37:15

사냥도 무리 지어 하는 세상에서 가장 무서운 사냥꾼들

주로 추운 지역에서 4~8마리가 무리를 지어 살아간다. 몇 시간 동안 달릴 수 있을 정도로 체력이 강해서 끈질기게 먹잇감을 몰아붙인 후 날카로운 엄니(송곳니)로 숨통을 끊는다. 자신들보다 큰 멧돼지도 사냥한다.

크기 : 1.5m

"무서워~!"

늑대 무리를 영어로 '팩(Pack)'이라 부른다.

늑대 1팩

늑대는 팀을 꾸려서 사냥하는 것이 특기!

팀워크에서 가장 중요한 건 의사소통이다. 한 마리가 울부짖기 시작하면 함께 따라 우는 '하울링'도 그러한 의사소통 방식 중 하나다. 난폭한 동물의 대명사로 여겨지는 늑대의 평소 모습은 어떨까?

아우우우우

분류 : 포유류·개과   **먹이** : 사슴, 토끼 등   **서식지** : 미국 북부, 유라시아 대륙

그림으로 알아보자
늑대

사납고 무서워 보이는 늑대지만, 평소에는 다양한 '놀이'를 하며 살아간다.

친구들끼리 술래잡기를 하거나 깨무는 장난을 자주 친다. 가장 인기 있는 장난은 바로 '숨바꼭질'.

한 마리가 몸을 숨기고 다른 한 마리가 찾는 척 다가가면, 숨어 있던 친구 늑대가 불쑥 튀어나온다!

늑대에게 대자연은 최고의 '놀이터'이다. 특히 얼음을 무척 좋아해 아이스 스케이트를 타듯이 빙판 위를 쭉쭉 미끄러지며 노는 모습도 눈에 띈다.

얼음 위의 늑대!

얼어붙은 호수에서 얼음이 깨질 때까지 앞발을 내리치는 '얼음 깨기'도 인기가 많다.

'도구'를 사용해서 놀기도 한다. 특히 사람이 버리거나 두고 간 '수수께끼의 장난감'은 인기 만점.

러버콘을 두고 티격태격하거나…,

이거 뭐야?
나도 몰라!

타이어를 갈기갈기 찢으면서 논다.

꿀잼~!!

그럼 저는 이만….

살금…

살살 해.

늑대가 어째서 힘만 빠지는 놀이를 하는 것인지 자세한 이유는 밝혀지지 않았다. 다만, 놀이가 늑대에게 사회적인 의사소통 방식을 배우는 기회라는 설이 유력하다. 새끼 늑대들은 놀이를 통해 '공정'과 '협력'에 대해서 배운다. 해도 되는 짓과 하면 안 되는 짓을 배우며 단체 생활에 적응해 나간다는 뜻이다.

어른 늑대들도 놀이를 무척 좋아한다. 이렇게 모두가 놀이를 즐기는 것을 보면 그냥 '재미있으니까' 노는 게 아닐까? '노는 사람(호모 루덴스)'이라고 불리는 인간도 놀이를 통해 진화해 왔다고 한다. 늑대는 인간과 무척 닮은 동물인 셈이다.

나랑 춤출래?

최강의 파트너? 늑대와 까마귀

늑대는 '놀이'를 활용해서 동료와 의사소통을 한다. 이러한 소통은 때때로 종족의 벽까지 뛰어넘는다. **특히 까마귀와의 관계가 깊어 보인다.** 늑대와 까마귀는 수백만 년에 걸쳐서 함께 발전해 온 좋은 파트너다.

까마귀는 늑대에게 뛰어난 '눈'이 되어 준다.

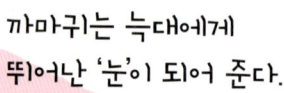

죽은 동물을 발견한 까마귀가 큰 소리로 울면, 늑대는 까마귀 울음 소리가 나오는 곳에 먹이가 있다는 사실을 학습한다.

물론 까마귀가 얻는 이득도 있다. 까마귀는 사체를 발견해 혼자 힘으로 두꺼운 털가죽과 살갗을 물어뜯을 수 없다. 하지만 날카로운 엄니를 지닌 늑대의 힘을 빌리면 까마귀도 자신의 '몫'을 챙길 수 있다는 사실!

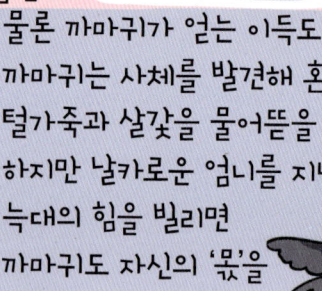

늑대에게 까마귀는 친근한, 반려동물 같은 존재다. 새끼 시절부터 함께 어울리며 독특한 '우정'을 쌓아 나가고 심지어 늑대가 죽은 까마귀를 '묻어 주는' 듯한 모습도 발견된 적이 있다고 한다. 동물 세계에는 인간이 모르는 우정이 숨어 있을지도 모른다.

바다에는 신비로운 일들이 한가득!!

육지에 비해 바다는 아직 밝혀지지 않은 지역이나 처음 보는 생물이 아주 많다. 하지만 최근에는 생물의 몸에 부착해 자료를 수집할 수 있는 장치 같은 것들이 만들어지면서 수수께끼로 가득했던 바닷속 생물들의 삶이 조금씩 밝혀지기 시작했다. 신비한 매력으로 가득한 바닷속 생물들의 모습을 들여다보자!

똑똑한 흰고래는…,

머리가 좋은 흰고래는 친구들과 대화를 나눌 수 있다. 최근에는 다른 동물과도 함께 어울린다고 하는데…?

자세한 내용은 P.151

산호가 많은 바다는 사실…,

예쁘고 색깔이 선명한 산호는 바다의 보석이다. 산호가 많은 곳에는 바닷속 생물들이 잔뜩 모여 산다. 이렇게 시끌벅적한 바닷속을 어디 한번 들여다볼까?

자세한 내용은 P.131

고래 무리의 다양한 문화

머리가 좋은 고래는 무리를 지어서 사냥하는 문화가 있다. 그뿐 아니라 목소리를 이용한 문화까지 있다는데…?

자세한 내용은 P.163

해달

주튜브 Zootube

깜짝!

폭신폭신한 구세주

바다를 지켜라!!

구세주는 바로…

많이 드세요.

먹보 해달들?!

17:55 / 37:15

켈프 숲을 헤엄치며 바다 위를 떠다니는 포유류

해달은 헤엄을 치며 물고기나 게를 잡아먹거나 바다 위를 떠다니며 배에 올려놓은 돌로 조개를 깨 먹는다. 커다란 다시마의 일종인 '켈프'가 빽빽하게 자라난 '바다의 정글' 같은 곳에서 살아간다.

해달과 켈프는 그야말로 '떼려야 뗄 수 없는' 관계다.

소중한 보금자리도 되어 주고,

켈프를 몸에 칭칭 감으면 파도에도 떠내려가지 않는다. 하지만 알고 보면 해달 역시 켈프에게 큰 도움을 주고 있다는데!

🔊 크기 : 1.2m

3단 선반과 3단 해달

🔊 분류 : 포유류·족제비과   🔊 먹이 : 물고기, 조개, 성게 등   🔊 서식지 : 미국, 캐나다, 러시아 등

폭신폭신한 해달의 털가죽에 숨은 비밀

사실 해달은 세상에서 가장 '털이 많은' 동물이다! 얼마나 많은지 무려 8억 가닥이나 된다고 한다. 보통 사람의 모든 머리카락이 해달 털가죽의 겨우 1제곱센티미터 안에 쏙 들어갈 정도라고 한다!

빽빽하게 자라난 털은 이중으로 되어 있다.

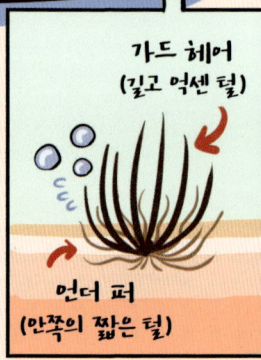

가드 헤어 (길고 억센 털)
언더 퍼 (안쪽의 짧은 털)

바깥쪽의 길고 억센 털에는 기름기가 있어 물을 튕겨 낸다. 안쪽의 솜털 같은 짧은 털 사이에는 공기층이 만들어져 체온을 유지할 수 있게 도와준다.

해달은 물 위에 떠다니며 사는 동물이지만 털가죽 덕분에 몸이 차가워지지도 물에 빠지지도 않는다.

하지만 그런 털가죽이 재앙을 불러들였다. 19세기 말, 해달의 가죽이 귀중품으로 여겨지면서 해달은 인간의 표적이 되었고, 결국 멸종 직전까지 사냥당하고 말았다.

해달을 보호하기 위한 국제 조약이 맺어졌지만, 해달의 숫자는 여전히 불안한 상태다. 먹성 좋은 '바다의 수호신'을 지키는 것이야말로 인간에게 맡겨진 임무가 아닐까?

참갑오징어

네 색깔을 바꿔 봐!

멋지게 변신!!

주튜브 Zootube

엄청난 개인기!

♂ 수컷인 내가…

생김새도 성별도 **자유?!**

거기 예쁜 아가씨!

암컷으로 변신?!

17:55 / 37:15

마음대로 색을 바꾸는 컬러풀한 오징어

오징어의 일종으로 사냥이 특기며, 바다에서 가장 크게 번성한 무척추동물(곤충, 문어, 조개, 불가사리 등) 중 하나다. 참갑오징어는 수많은 기술로 작은 물고기 같은 먹잇감을 잡아먹는다. 한국, 일본 근해에 서식한다.

갑오징어 무리는 무척추동물 중에서도 특히 똑똑하다.

집게의 생김새나 움직임을 흉내 내서 먹잇감이나 천적을 속이는 종류도 있다!

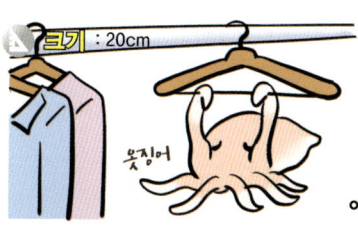

크기 : 20cm

옷징어

우잇! 공격! 뻘미지용!

이보다도 뛰어난 '속임수' 기술도 있다는데…?

🐾 **분류** : 두족류·갑오징어과   🍴 **먹이** : 물고기, 새우, 게   📍 **서식지** : 한국, 일본, 동남아시아

신기한 피부
참갑오징어

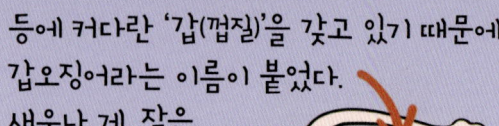

등에 커다란 '갑(껍질)'을 갖고 있기 때문에 갑오징어라는 이름이 붙었다. 새우나 게, 작은 물고기를 먹는다.

긴 촉완

피부는 특수한 3층 구조!

표피 아래 있는 바깥쪽 층에는 1제곱밀리미터에 200개가 넘는 색소 세포가 있다.

빨강, 노랑, 갈색, 검정, 하양 등 알록달록한 색소 세포를 조합해서 다채로운 색깔을 만든다.

예를 들어 빨강+노랑으로 오렌지색을 만들어 내는 식.

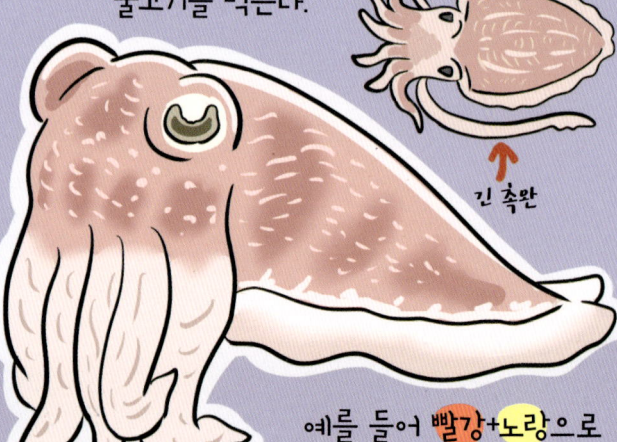

초고화질 4K 영상!

이게 바로 최신 기술!

색소 세포는 뇌와 소통하는 근육과 신경에 이어져 있어서 텔레비전 화면처럼 재빠르게 색깔을 바꿀 수 있다. 갑오징어는 어떤 배경에도 순식간에 녹아드는 재주가 있다.

그냥 맥자잖아.

자연계에서는 볼 수 없는 무늬로도 변신 가능!

산호초 | 해초 | 모래밭

누가 보는 것 같은데….

빤히

착각 아냐?

산호

주튜브 Zootube

큰일이야!

되살아나라! 바닷속 거대 도시!

산호는 살아날 수 있을까?

재미있다고!
저기 망하지 않았어?
신장개업
바닷속 친구들, 모두 모여라!!
들렀다 가세요!

17:55 / 37:55

산호초는 바닷속 생물들의 도시

산호는 해파리와 같은 자포동물의 일종이다. 종류는 800종이 넘으며, 크기와 생김새도 다양하다. 수많은 산호로 이루어진 산호초는 지구의 바다 전체에서 0.17퍼센트뿐이지만, 10만 종이 넘는 생물들이 모여든다.

산호초는 바닷속 생물에게 없어서는 안 될 생태계로, '바다의 열대림'이라 불리기도 한다.

크기 : 종류에 따라 다름
지중해 산호

그런 산호초에 지금 어떤 심각한 사태가 벌어지고 있는 걸까?

분류 : 자포동물 **먹이** : 광합성으로 얻은 영양(p132 참조), 플랑크톤 **서식지** : 전 세계의 바다

'소리'로 물고기를 속여서 산호를 구하자?!

바닷속은 고요할 것 같지만 사실 건강한 산호초는 '시끌벅적'하다. 물고기나 새우 같은 생물들이 작게 소리를 내기 때문이다.

반대로, 죽어가는 산호초는 아무런 소리도 나지 않는다. 생물들이 모습을 감춰 버린 탓이다.

그래서 한 가지 실험을 해 보았다. 죽은 산호초에 스피커를 설치한 뒤, 산호초가 건강했을 때의 소리로 물고기를 속여 산호초로 불러 모으는 실험이었다. 실험은 성공적이었다! 스피커로 소리를 내보낸 죽은 산호초에 수많은 생물이 돌아온 것이다.

산호초에서 살아가는 물고기들은 하나같이 중요한 역할을 맡고 있다. 예를 들어, 어떤 물고기는 지나치게 늘어난 해초를 먹어 치워서 산호가 자라는 데 필요한 공간을 깨끗하게 청소해 주기도 한다. 그만큼 산호초가 되살아나려면 바닷속 생물들의 도움이 필요하다는 뜻이다. 가짜로 꾸며 낸 환경이라도 잘 활용하면 산호초에게 본래의 시끌벅적한 모습을 되찾아줄 수 있지 않을까?

산호는 '바닷속 레스토랑'?!

바다에 없어서는 안 될 산호이지만, 산호 자체를 먹는 생물도 많다.

비늘돔 앵무새 부리 같은 이빨로 산호 표면의 폴립을 갉아먹는다.

나비고기 촉수를 뻗은 폴립을 콕콕 쪼아 먹는다.

악마불가사리 위장을 뒤집은 후 산호를 온몸으로 뒤덮어서 소화액으로 폴립을 녹여 먹는다!

먹이가 되기는커녕 오히려 다른 생물을 '잡아먹는' 산호도 있다고?!

작은 꽃처럼 생긴 산호가 자신보다 몇 배나 큰 해파리를 잡아먹는 모습이 발견되었다. 때로는 여러 마리의 산호가 '힘을 합쳐서' 먹잇감을 잡아 먹기도 한다는데…! 가까이 다가온 해파리의 갓을 폴립 여러 마리가 붙잡으면 다른 폴립들이 팔을 눌러서 도망치지 못하게 한다!

주문이 넘치는 산호초

산호는 생물들의 소중한 '집'이자 '먹이'이기도 하다. 하지만 '아름다운 장미에는 가시가 있다'는 말처럼 때로는 산호도 사납게 '엄니'를 드러낸다는 뜻!

누구든 편하게 들어오세요. 해치지 말아요.

톱가오리

바닷속 검객

Zootube 엄청난 개인기!

전기와 칼날로 싹둑!

우맛!
쌩둥
먹잇감을 단칼에 벤다!

17:55 / 37:15

못하는 게 없는 만능 톱날

톱처럼 생긴 주둥이가 특징인 가오리다. 이 주둥이를 이용해 바닷속 모래, 진흙 등을 파헤쳐서 조개나 게를 찾아낸다. 톱가오리는 전 세계에 6종이 살고 있으며 강이나 호수에서 살고 있는 종도 있다.

주둥이를 '칼'처럼 이용해 다른 물고기를 베어 버리기도 한다!

사삭! 끄악!

주둥이를 수평으로 휘두르면 작은 물고기쯤은 반 토막 낼 수도 있다. 그런 '톱'에 숨겨진 비밀이 있다…?

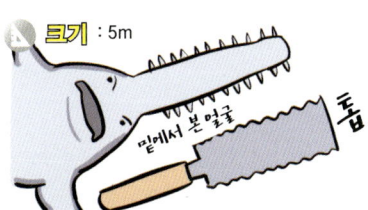

크기 : 5m
밑에서 본 얼굴
톱

분류 : 어류·톱가오리과   먹이 : 물고기, 조개, 게 등   서식지 : 전 세계의 열대 바다

공작갯가재

챔피언의 뒤를 잇는 갯가재

엄청난 개인기!

Zootube 주튜브

천적이든 먹잇감이든 모두 K.O.!!

최강의 주먹!

17:55 / 37:15

자연에서 가장 빠르고 강력한 주먹을 날리는 갯가재

해저에서 살아가는 알록달록한 갯가재다. 망치처럼 생긴 '포각'으로 주먹을 날려서 딱딱한 조개나 게딱지를 부순 뒤 알맹이를 먹어 치운다. 갯가재들끼리 영역 다툼을 벌일 때도 주먹을 날린다.

주먹을 날릴 때 먹잇감에 가해지는 힘은 몸무게의 2500배 이상! 먹잇감이 유리병 안으로 도망치면…, 빠르고 강한 주먹으로 유리병도 깨 버린다!

와장창!

크기 : 15cm

낯이 익은데요.
낯이 아닌데요?

영어 이름은 '공작사마귀새우'라는 뜻의 Peacock Mantis Shrimp이다.

분류 : 절지동물·꽃갯가재과   먹이 : 조개, 게 등   서식지 : 일본, 동남아시아 등

137

스톤피쉬

적을 갈기갈기 찢는 칼날

주튜브 Zootube
엄청난 개인기!

적을 갈기갈기 찢는 칼날

숨겨진 칼날!

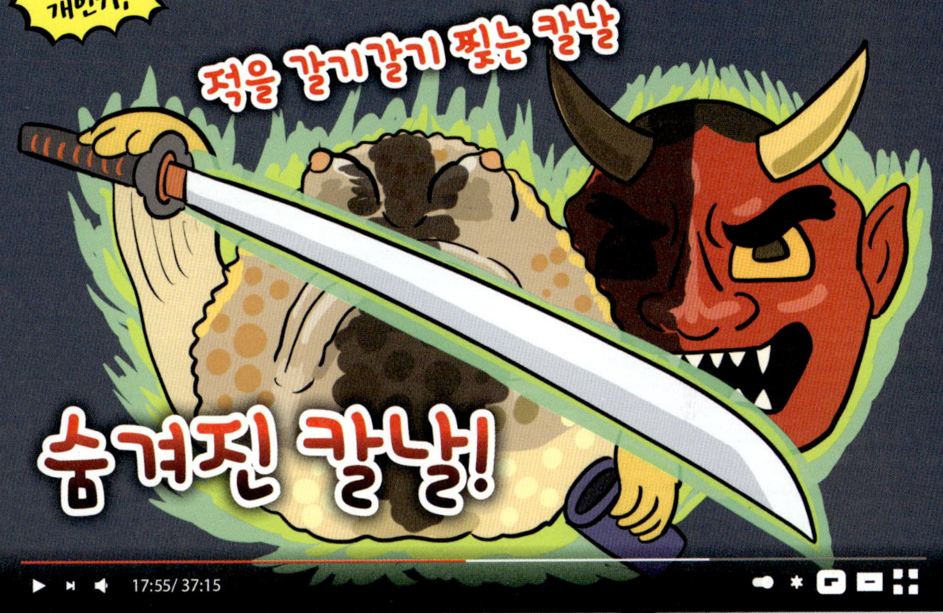

바위처럼 울퉁불퉁하고 무섭게 생긴 쑤기미

쑤기미는 해저의 바위밭 일대에서 사는 입 큰 물고기다. 스톤피쉬는 그런 쑤기미의 일종으로, 귀신처럼 흉측하게 생긴 얼굴과 오뚝이 같은 몸매가 특징이다. 눈과 입만 내놓고 온몸을 모래 속에 숨긴 채 먹잇감을 기다리기도 한다.

특기는 흉내 내기!
돌이나 바위 흉내를 낸다.
얼쑤~
진흙 속에서 피는 꽃을 봤어!
아무것도 모르고 지나가던 물고기를 덥석 집어삼킨다!

크기 : 40cm 
도망쳐야 해....
알고 보면 맛있는 고급 생선?

잡아먹는 데 겨우 0.01초밖에 걸리지 않았다는 기록도 있다고 한다.
우앗!
쑤욱!

'귀신' 물고기에게 숨겨진 '또 다른 기술'은 뭘까?

분류 : 어류·쑤기미과　　먹이 : 물고기 등　　서식지 : 인도양, 태평양 등

귀신처럼 무서운 얼굴에 숨은 독
스톤피쉬

열대 산호초에서 서식하는 물고기!
세계 최강급의 맹독을 품고 있다!

독은 등지느러미의 가시에서 나온다.
가시는 날카롭고 딱딱하기까지!
실수로 밟았다가 독 때문에 목숨을 잃는 사람도 있다고 한다.

반시뱀의 독보다 30배 더 강하다는데….

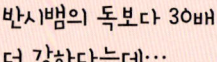
무서워!

꺄악!
우엑!

일본에서는 '오니다루마오코제'라고도 부르는데, 생김새가 '오니(귀신)'를 닮았기 때문이다.

무서워!

정면

훌쩍!

게다가 밖으로 '튀어나오는 칼'까지 숨기고 있다!
눈 밑 뼈에는 칼날처럼 생긴 돌기가 있다는 사실이 드러났다. 이름하여…,
'눈물의 검'!!

경찰 아저씨~!

칼날은 적을 물리치는 데 사용한다,
(뿔 달린 동물들처럼) 같은 스톤피쉬랑 싸울 때 쓴다,
구애할 때 쓴다 등 여러 가지 이야기가 있다.

희번득

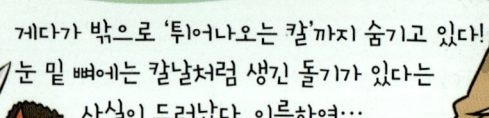
우앗~!

참고로 이 칼날은 초록색 형광빛을 낸다.
귀신 물고기에게 숨겨진 비밀은 어디까지일까?

귀신이야!

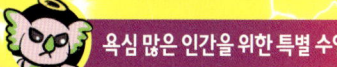

Q: 뱀장어도 위기에 빠졌구나! 어쩌다 그렇게나 줄어든 거야?

정말 뻔뻔하네! 당연히 인간 때문이지!

뱀장어의 수가 줄어든 이유는
1. 지나친 남획
2. 환경의 변화

때문으로 생각된다.

하지만 가장 큰 문제는 '인간이 뱀장어를 소비하는 속도'가 '뱀장어가 번식해 늘어나는 속도'를 웃돈다는 사실이다. 이대로라면 뱀장어가 멸종할 가능성까지 있다는데….

Q: 야생 뱀장어를 잡는 게 문제라면 양식은 괜찮지 않을까?

왜 그 얘길 안 하나 했지! 다들 오해하는 사실이야.

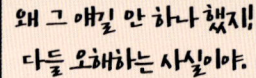

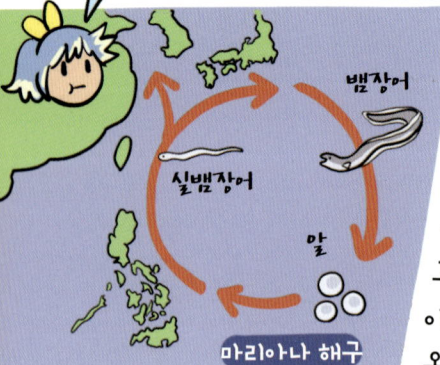

뱀장어는 한국에서 2000킬로미터나 떨어진 마리아나 해구의 산란장에서 알을 낳는다 그곳에서 태어난 실뱀장어(새끼)들이 고향으로 돌아와 성장한다. 그런데 이 실뱀장어들을 잡아서 번식장으로 옮긴 후 키운 것이 바로 '양식 뱀장어'다.

말이 '양식'이지, '새끼 뱀장어'라는 천연 자원을 소비하는 거라고!

 **Q : '완전 양식'도 가능하다는데?**

 실용화되기에는 아직 멀었어.

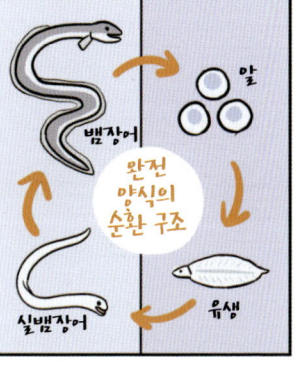
완전 양식의 순환 구조
양식지 / 수조
뱀장어 → 알 → 유생 → 실뱀장어

한 연구실에서 뱀장어를 '완전 양식' 하는 데 성공했다. 하지만! 완전히 양식하는 것은 여전히 무척 어려운 일이며 돈도 많이 든다. 지금 당장 뱀장어를 구해 낼 '꿈만 같은 기술'은 아니라는 뜻이다.

 완전 양식 장어덮밥! 10만 원입니다. 비싸다!

하지만 조금 더 멀리 바라본다면 어획량을 줄이는 데 도움이 될 거야.

Q : '불법으로 잡아들인 뱀장어'가 나돈다는데 사실이야?

맞아! 사실 대부분이 다 그렇다고 해도 틀린 말은 아닐걸…?

양식되고 있는 뱀장어의 '50~70퍼센트'가 불법으로 잡아들인 실뱀장어로 기른 것이라고 한다!

실뱀장어는 '하얀 다이아몬드'라고 불릴 만큼 비싸게 팔리기 때문에 불법 뱀장어는 사라지지 않는다.

 가장 화가 나는 건 고급 음식점이든 저렴한 곳이든 불법 뱀장어를 먹게 될 확률은 똑같다는 점이야.

뱀장어 뽑기
합법적인 뱀장어는 50%

 그럼 나머지는?

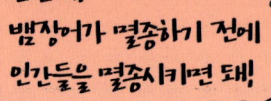

Q: 뱀장어의 멸종을 막으려면 결국 어떻게 해야 한다는 거야?

간단해! 뱀장어가 멸종하기 전에 인간들을 멸종시키면 돼!

바로 그거지.

그거 빼고는…?

흐음…, 인간들이 노력할 수밖에 없겠지.

살아 있을 때 좀 그렇게 하지.

우선 뱀장어 소비량에 적절한 상한선을 정해야 한다. 한국, 일본 등 동아시아 4개국에서는 양식에 사용되는 실뱀장어의 양을 제한하고 있다. 하지만 제한 수치가 너무 높아서 실제로는 마음껏 잡을 수 있는 것이나 마찬가지라 제한을 두는 의미가 없다.

뱀장어 잡기
규칙 4명 기준
80톤까지

그 정도쯤이야!
우와~!
중국 일본 한국 대만
너무 많다고!

과학적인 자료를 바탕으로 소비량을 제한해서 줄여나가야 한다고 생각해.

Q: 우리가 할 수 있는 일은 없을까?

의외로 있어.

- 지나친 소비 피하기.
- 불법 뱀장어 대신 실뱀장어 생산지를 공개하는 기업에서 나온 뱀장어 고르기.
- '불법 뱀장어는 안 돼요!'라는 의견을 꾸준히 전달하기.
- 뱀장어 문제와 관련된 뉴스를 읽거나 기사 공유하기.

(그 밖에도 많음!)

진짜야~?

잘 맞다, 뱀장어 도둑!

도둑질은 다른 데서 하라고.

다른 데서도 하지 마!

뱀장어와 함께 살아갈 미래를 위해 할 수 있는 일을 찾아 보자고! 어리석은 인간들아, 시청해 줘서 고마워!

그런데… 장이는 시청자들한테 안 보이지 않아?

어떻게 편집을 잘해 봐야지….

무명갈전갱이

하늘을 나는 새까지 잡아먹을 기세

날았다!!

바다에서 물고기를 노리는 물고기가 있다?!

우맛!

17:55 / 37:15

고독하게 살아가는 거대 전갱이

무리 지어 헤엄치는 일반적인 전갱이(평소에 먹는 전갱이)는 몸무게가 300그램 정도이지만, 무명갈전갱이는 50킬로그램이나 되는 전갱이다. 낚시꾼들에게는 꿈의 물고기로 불린다. 커다란 몸으로 재빠르게 헤엄치며 무엇이든 잘 먹는 육식성 물고기다.

일본에서는 '로닌아지(낭인전갱이)'로 불리는데, 무리 짓지 않고 '낭인 무사*'처럼 산다고 붙은 이름이다.

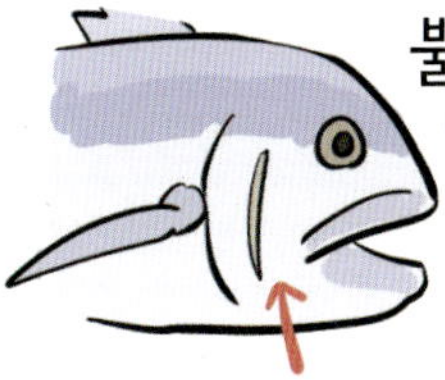

★ 남의 밑에 들어가지 않고 홀로 살아가는 무사.

아가미 근처에 있는 칼자국 같은 무늬 때문일지도?

전갱이는 배가 고파도 티를 내지 말아야 하는 법….

평소에는 혼자서 움직이는 전갱이인데…?

크기 : 1m

말린 전갱이

화들짝!

낭인 전갱이

분류 : 어류·전갱이과   먹이 : 물고기, 갑각류, 새 등   서식지 : 인도양, 태평양 등

145

귀상어

상어 학교는 바닷속

불가사의해!

200마리가 넘는 상어들이 모이는 학교가 있다?!

상어 학교 입학식

교가 제창!

반짝반짝 물결치는
넓은 바다~♪
이곳에 자리 잡은
배움의 전당~♪

희망의 부푼 꿈을
갈고 닦아서~♪
내일의 이 바다
일꾼이 되리~♬

17:55 / 37:15

머리가 망치처럼 생긴 신기한 상어

머리 모양이 망치처럼 생겨서 '망치상어'라고도 불린다. 다 자라면 천적이 대부분 사라지며 물고기나 새우, 게, 문어 등 뭐든 잘 먹는다. 알을 낳는 것이 아니라 새끼를 배 속에서 기른 후 낳는다.

다양한 종류의 귀상어가 있지만 3종이 유명하다.

홍살귀상어	귀상어	큰귀상어
머리 부분이 휘어져 있으며 울퉁불퉁하다.	머리 중앙에 움푹 파인 부분이 없다.	꼬리 부분이 곧으며 덩치가 크다.

크기 : 최대 4.3m

'망치'에 숨겨진 비밀은 뭘까?

분류 : 어류·귀상어 먹이 : 바닷속 생물 서식지 : 전 세계

냉혹하면서도 고독한 바다의 킬러. 상어를 보며 이런 이미지를 떠올리는 사람이 많지 않을까? 하지만 뜻밖에도 상어는 사회생활을 한다는 사실이 밝혀졌다. 특히 망치상어는 무리의 규모가 큰 것으로 알려져 있다. 때로는 200마리가 넘는 엄청난 무리를 이루기도 한다.

영어로 '무리'를 뜻하는 말은 동물마다 다른데, '물고기 무리'는 '학교(school)'라고 부른다.

상어 무리 역시 '상어 학교(school of sharks)'로 불린다.

어째서 무리를 짓는지는 아직 수수께끼다. 귀상어에게는 한데 뭉쳐서 자신들을 지켜야 할 천적이 없는 데다, 여럿이서 사냥을 하는 경우도 없기 때문이다. 뛰어난 능력을 간직한 '망치'에는 상어 사회의 수수께끼를 풀어 낼 힌트가 숨겨져 있을지 모른다.

149

뜬금없는 이야기지만 수수께끼의 외계인이 사람을 매년 1억 명씩 죽인다고 가정해 보자!

인간은 아주 가끔씩 그 외계인을 죽인다고 치자.

그 모습을 본 외계인이

인간은 어쩜 저렇게 잔인하지?!

…라고 인간을 괴물 취급하고,

증오심과 공포가 점점 심해져서 사람들을 더 괴롭힌다면,

피에 굶주린 괴물 인간

무서워!!

웃기지 마!

…라는 생각이 들지 않을까?

하지만 이건 바로 인간이 상어에게 저지르고 있는 짓이다.

상어를 향한 인간의 공포는 크게 왜곡되어 있다.

전 세계 약 490종의 상어들 중 사람을 공격한 적 있는 상어는 겨우 30종 남짓. 상어가 공격했다 해도 사람을 죽게 한 사고는 전 세계에서 1년에 8~12건밖에 일어나지 않는다. (참고로 하마의 공격으로 사망하는 사고는 약 3천 건.)

'인간에게 죽임을 당하는 상어'는 매년 5000만~1억 마리로 추정!

무려 '1초에 3마리'의 상어가 죽임을 당하는 셈이다. 지나친 어획도 심각한 수준이지만, 단지 즐기기 위해 멸종 위기종인 상어를 잡아 죽이는 인간도 적지 않다. 상어의 눈에는 인간이야말로 무시무시한 '괴물'이 아닐까.

상어 무리는 4억 년 전부터 지구에서 살아온 대선배로, 생태계를 위해서도 빼놓을 수 없는 존재다. 상어를 지키기 위해 선입견을 버리고, 있는 그대로의 모습을 '보고 배워야' 하지 않을까.

흰고래

바다처럼 가슴이 넓은 동물

사랑은...

종족의 벽을 넘어서... 받아들여졌다!!

무리 지어 사는 하얗고 덩치 큰 고래들

'벨루가'라는 이름으로 널리 알려진 흰고래. 덩치가 크고 무리 지어 살아가기 때문에 천적이 적다. 무리의 숫자가 많을 때는 100마리가 넘기도 한다. 물고기나 게 등 다양한 먹이를 먹는다.

전두엽에 '멜론'이라 불리는 지방 조직이 있다.

'멜론'으로 음파를 증폭시켜 친구와 대화를 주고받거나 물고기를 잡는다.

서로의 '이름'과 같은 소리도 있는 모양이다.

이러한 의사소통 능력은 다른 데도 쓰인다는데…?

크기 : 4~6m

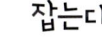

분류 : 포유류・일각과   먹이 : 물고기, 갑각류 등   서식지 : 북극해 일대

파래날씬이갯민숭붙이

머리 빼고는 모두 '장식'이라고요?!

공포!!

머리만 따로 움직이는 갯민숭달팽이?!

17:55 / 37:15

나뭇잎처럼 생긴 초록색 갯민숭달팽이

따뜻한 바다에서 살아가는 예쁜 초록색 갯민숭달팽이. 갯민숭달팽이는 껍데기가 없지만 고둥에 가까운 무리로, 바위에 붙은 해초를 먹는다. 암수가 한 몸이라 번식할 때는 암컷과 수컷 모두의 역할을 할 수 있다.

연구실에서 기르던 갯민숭달팽이가 '머리 없는 시체'로 발견! 된 줄 알았는데…, 자세히 보니 잘려 나간 '머리'가 해초를 우적우적 먹고 있었다!

과연 정체가 뭘까…?

🐚 **크기** : 2cm

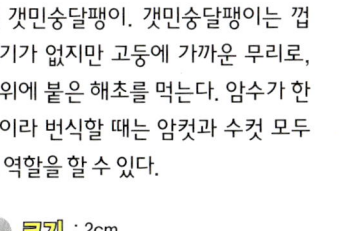

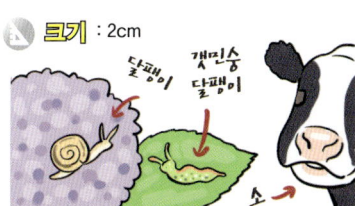

분류 : 연체동물·날씬이갯민숭붙이과   **먹이** : 해초 등   **서식지** : 전 세계의 바다

쥐가오리

새인가?! 비행기인가? 땡! 쥐가오리였습니다!

수수께끼의 점프!!

하늘을 나는 이유는 과연?!

17:55 / 37:15

작은 먹이를 걸러서 먹는 거대한 가오리

'만타'라고도 불리는 쥐가오리 무리에는 대왕쥐가오리와 암초대왕쥐가오리, 2종이 있다. 가장 큰 것은 너비가 7미터에 몸무게는 2톤이 넘는다. 다른 가오리와 다르게 물고기 대신 플랑크톤을 먹기 때문에 입의 구조가 다르다.

뿔처럼 생긴 머리 지느러미를 사용해서 물을 잔뜩 빨아들인다.

판 모양의 기관으로 플랑크톤만 '거른' 다음, 쓸모없는 물을 아가미의 구멍으로 내보낸다.

혼자 살아가는 외로운 가오리인 줄만 알았는데?

크기: 4m

분류: 어류·쥐가오리과 **먹이**: 플랑크톤 **서식지**: 인도양, 태평양 등

전 세계에서 발견되는 색색의 쥐가오리들

쥐가오리는 보통 등이 검고 배가 하얗지만…, 온몸이 새까만 쥐가오리도 있다! '블랙 만타'라고 불리며 잠수부들에게 간혹 발견되는, 세계적으로 무척 희귀한 쥐가오리다.

또한 오스트레일리아의 그레이트배리어리프에서는 놀랍게도 핑크색 쥐가오리가 발견되기도 했다!

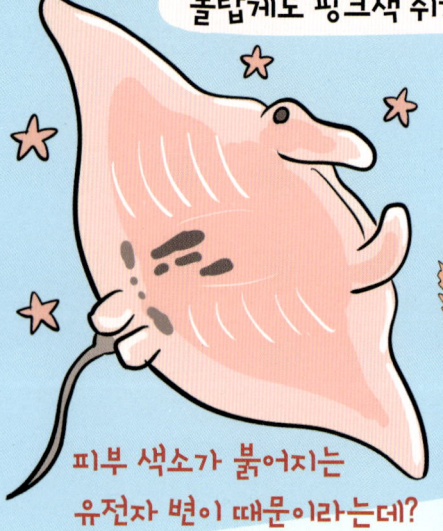

피부 색소가 붉어지는 유전자 변이 때문이라는데?

몸 색깔이 지나치게 화려하면 자연에서는 불리한 경우가 많지만, 덩치 큰 쥐가오리는 천적이 없어 생김새가 화려해도 별문제가 없는 모양이다. 화려함과 힘을 겸비한 바다의 슈퍼스타가 바로 쥐가오리다.

붉은바다거북

주튜브 Zootube
큰일이야!

플라스틱의 바다
유령이야!

위험에 빠진 바다 생물

17:55 / 37:15

유령에 벌벌 떠는 멸종 위기종 바다거북

전 세계에 바다거북은 7종인데, 모두 멸종 위기에 놓여 있다. 바다거북은 비닐봉지를 먹이인 해파리로 착각해서 먹어 버리거나 빨대가 코에 꽂히는 등 해양 쓰레기의 피해를 받고 있다.

플라스틱은 인류 생활 속 이곳저곳에 사용되는 편리한 소재다. 하지만 대부분 한 번 쓰면 버려진다.

그리고 마지막으로 바다에 흘러들어 바다 생물들에게 큰 피해를 끼친다. 바다거북은 어떤 피해를 입고 있을까?

크기 : 90cm

분류 : 파충류・바다거북과   **먹이** : 해파리, 새우, 게 등   **서식지** : 전 세계

바다거북은 무척이나 먼 거리를 여행하는 동물이다. 붉은바다거북은 태어난 후 스스로의 힘으로 대서양이나 태평양을 건넌다. 그리고 수십 년 후에 고향인 바닷가로 정확하게 돌아오는 놀라운 능력을 지녔다.

어떻게 이토록 정확하게 돌아올 수 있는 걸까?

그 비밀은 '자기(磁氣)'에 있다고 한다.

해안선에도 각각의 지점에 그 지점만의 자기(지구 자기장)가 있다.

해변에서 태어난 바다거북은 본능적으로 그곳의 자기를 머릿속에 새겨 둔다. 넓은 바다에서 고향으로 돌아오기 위한 '나침반'으로 삼는 것이다.

이렇듯 머나먼 여행을 떠나는 바다거북이지만 폐기물 같은 해양 플라스틱에 바다가 오염되고, 알을 낳을 장소가 파괴되면서 멸종할 위기에 처했다.

바다거북이 '고향'으로 건강하게 돌아오기 위해 자기와 함께 반드시 필요한 것, 그건 바로 '깨끗한 바다'가 아닐까?

혹등고래

바다를 넘어서 날아드는 그윽한 멜로디

6000킬로미터나 떨어진 바다까지

히트곡 랭킹
1. 넌 나쁜 고래야
2. 화려한 고래
3. 해변을 달리다
4. 바닷물
5. 잔혹한 고래

울려 퍼지는 노래?!

17:55 / 37:15

덩치 큰 고래가 들려주는 신비로운 노랫소리

15미터가 넘는 커다란 덩치로 작은 크릴(새우를 닮은 작은 플랑크톤) 따위를 먹고 사는 고래다. 바닷속에 울려 퍼지는 노랫소리를 들어 보면 신음하는 듯한 소리가 반복되는데, 무척이나 복잡하다. 몇 시간에 걸쳐서 노래를 부르기도 한다.

크기 : 16~19m
크다!
일본 나라현의 대불(큰 불상)

혹등고래가 이런 울음소리를 내는 이유는 동료들과 소통하거나 사랑을 표현하기 위해서라고 한다.

그대를 위해 노래할게요.
어머, 좋아라.

5종의 고래만이 노래를 부른다고 알려져 있는데, 그중에서도 혹등고래는 뛰어난 바다의 음악가다.

분류 : 포유류·긴수염고래과   **먹이** : 크릴 등   **서식지** : 세계의 바다

바다를 넘나드는 교향곡
혹등고래

혹등고래는 특이한 행동을 보여 주는 걸로 유명하다! 크릴이나 플랑크톤, 작은 물고기 등을 먹지만 실수로 바다사자를 삼키기도!

60톤이나 되는 거대한 몸으로 점프!

철 썩!

혹등고래의 노래는 무척이나 복잡하다. 같은 구절이 되풀이되는 것이 인간의 음악과 무척 비슷하다.

다만 혹등고래의 노래는 속도가 느리기 때문에 인간들은 어떤 멜로디인지 이해하기가 어렵다.

긴 가슴지느러미

혹쟈르트

그래서 어떤 음악가가 하와이 연안에서 혹등고래가 부르는 '노래'를 사람이 알아보기 쉽도록 악보에 옮겨 적었다. 짧은 구절이 반복되면서 멜로디가 만들어졌는데, 보통 5분에서 30분 정도 이어졌다.

도전! 22시간 마라톤 노래방

가장 오랫동안 노래한 기록은 놀랍게도 22시간…!

수컷 혹등고래는 서로의 노래를 듣고 흉내를 낸다. 다른 수컷과의 차이를 보여 주기 위해서인지 언제나 새로운 소리를 찾아다닌다. 때로는 많은 고래가 너도나도 따라 부르는 '노래'가 생겨나기도 한다는데···.

그렇다, 인간의 음악처럼 '히트곡'이 탄생하는 것이다!

한 번 인기를 끈 '히트곡'은 고래에게서 다른 고래에게로 전해지는데, 지구를 5분의 1바퀴 돌 정도로 멀리까지 전해진다.

오스트레일리아 대륙 서쪽에서 생겨난 노래가 4800킬로미터 떨어진 대륙 맞은편까지 도달한 후, 쿡 제도나 프랑스령 폴리네시아까지 전해진다! '히트곡'은 서로 다른 고래들의 색깔이 더해지며 점점 진화한다. 딸꾹질 같은 소리나 휘파람 소리 같은 새로운 마디가 더해지기도 한다.

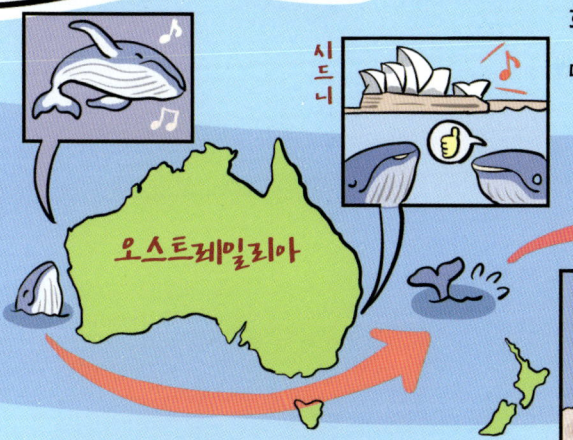

노래하는 방식도 지역에 따라 달라진다. 콘서트장처럼 소리가 쩌렁쩌렁 울리도록 산호초로 이루어진 고리에 머리를 집어넣고 노래를 부르기도 한다! 혹등고래의 노래는 마치 파도처럼 멀리 퍼져 나가는데, 이토록 웅장한 규모로 '노래하는' 동물은 오직 혹등고래뿐이다.

혹등고래가 지닌 또 다른 굉장한 '문화'란?

혹등고래가 지닌 '문화'는 노래뿐만이 아니다. 혹등고래는 거품을 토해 내며 동그라미를 그려서 먹잇감을 몰아넣는 '버블 네트 피딩'이라는 방식으로 사냥을 하는데…,

혹등고래는 이 사냥 기술에 다양한 방식으로 변화를 준다.

예) 롭테일 피딩
꼬리지느러미를 수면에 여러 차례 내려친 후, 거품으로 포위망을 만들기 시작한다.

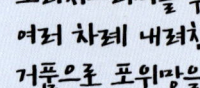

새로운 기술을 터득한 고래를 만난 다른 고래는 그 기술을 따라할 수 있게 된다.

이렇게 사냥 기술이 '문화'처럼 전해지는 것이다.

인간은 자신들만이 '문화'를 지닌 특별한 동물이라 착각하지만, 고래는 인간이 문명을 쌓아 올리기 훨씬 전부터 태고의 바다를 헤엄쳐 왔다. 지구에서 가장 먼저 '문화'를 만들어 낸 동물은 고래가 아니었을까?

동물과 인간은 앞으로 어떻게 될까?

인간과 함께 살아가는 생물 하면 가장 먼저 떠오르는 건 역시나 개나 고양이 아닐까. 이런 우리 주변의 생물들, 그리고 소나 꿀벌처럼 인간의 '먹거리'와 관련이 깊은 생물 등 다양한 생물들에 대해 알아보고 동물과 인간의 미래에 대해서 생각해 보자! 지구는 하나. 동물과 함께 살아가며 인간의 미래를 밝게 비춰 보자.

사실 고양이의 본성은…,

고양이는 귀여운 반려동물로 우리에게 친숙한 동물이다. 하지만 귀엽게만 보이던 고양이가 알고 보면 무서운 사냥꾼이었다니?

자세한 내용은 P.199

상냥한 침팬지 사실…,

침팬지는 다른 동물과 소통할 수 있을 정도로 똑똑하고 상냥한 마음씨를 가졌다. 하지만 그렇게 상냥한 침팬지도 화가 나면…

자세한 내용은 P.191

아무도 몰랐던 천산갑과 인간의 관계

우리에게는 낯선 동물인 천산갑이 알고 보면 인간의 삶에 크게 영향을 끼쳤을지도 모른다고…?

자세한 내용은 P.195

개 (집개)

개의 굉장한 능력

주튜브 Zootube
엄청난 개인기!

숨겨진 힘으로...

미래를 본다

태양 / 악마 / 마술사 / 바보 / 연인

30:51 / 37:15

기나긴 세월 동안 인간과 함께해 온 개

개와 인류는 수천 년 전부터 끈끈한 관계를 맺어 왔다. 인간의 삶에 스며들었던 늑대가 개로 변했고, 개는 의사소통이 가능할 정도로 똑똑한 머리와 사냥을 도와주는 뛰어난 능력을 살려서 인간과 깊은 신뢰 관계를 쌓아 나갔다.

개와 인간은 수많은 역사의 현장을 함께해 왔다.

알렉산드로스 대왕의 애견
오늘날 대형견의 조상인 몰로시아견인 것으로 추정된다.

조상님?

인간에게는 개의 어떤 점이 그토록 특별했던 걸까?

크기: 15cm~1.5m

가장 큰 개, 그레이트 데인
우쭐대지 마라.
가장 작은 개, 치와와

분류: 포유류·개과   **먹이**: 육식(잡식)   **서식지**: 전 세계

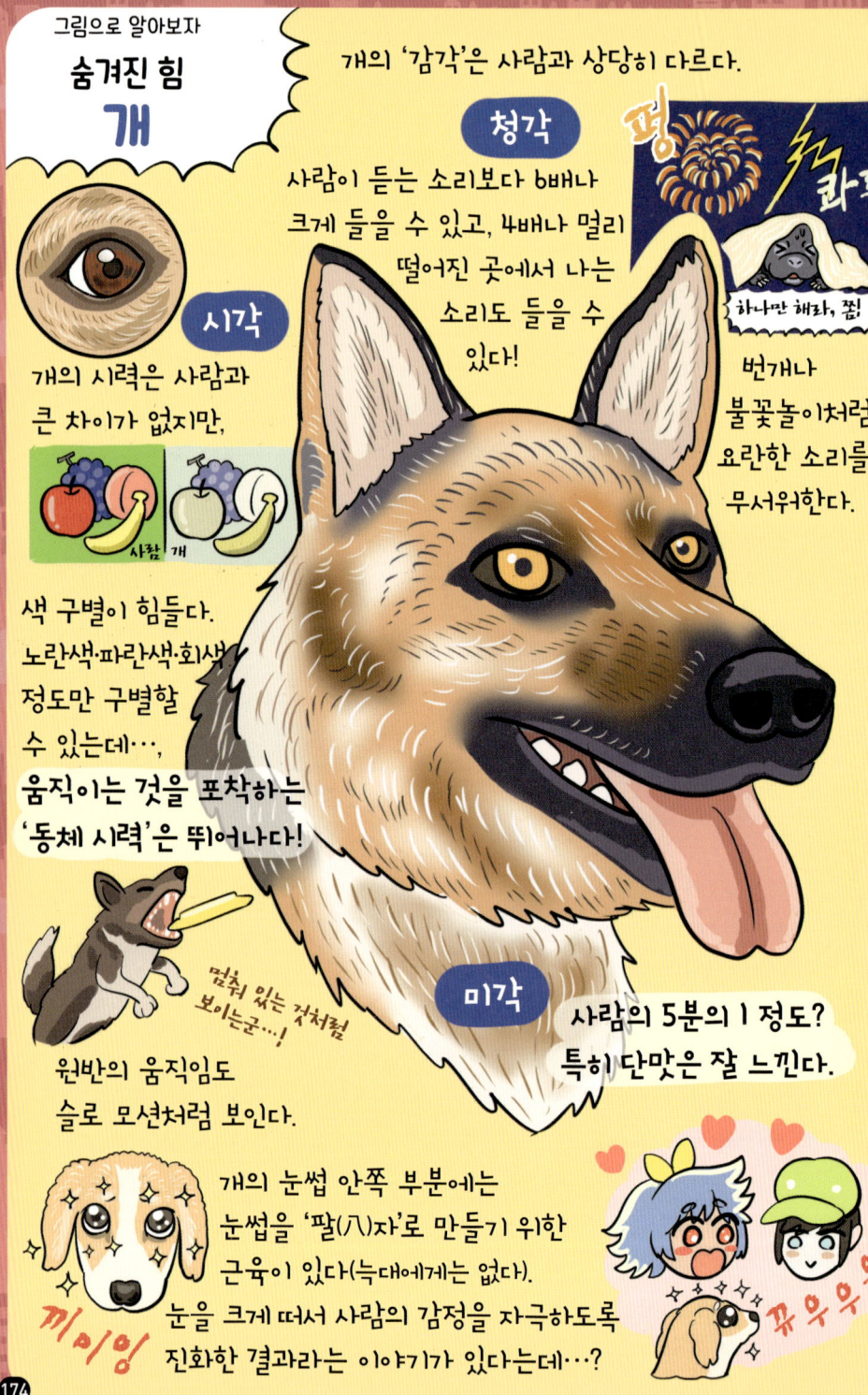

후각의 비밀

개의 가장 뛰어난 감각은 누가 뭐래도 후각이다. 사람보다 수백만 배나 민감하다는 이야기도 있다.

좌우 각각의 콧구멍으로 냄새를 맡는다.

낯선 냄새는 오른쪽 콧구멍으로, 친근한 냄새라면 왼쪽 콧구멍을 사용한다고 한다.

넌 뭐야?

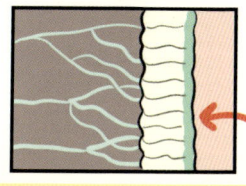

코의 점막은 냄새 성분을 감지하는 수용체로 가득하다. 수용체의 수는 무려 3억 개로, 인간의 60배!

개의 코는 '시간을 뛰어넘는다'고?!

개는 '눈에 보이지 않는 것'을 냄새로 '본다'. 그 대표적인 것이 바로 '시간'이다.

잃어 버린 시간을 찾아서
나는 마들렌.

개는 냄새로 '과거'를 본다. 어떤 장소에서 무슨 일이 있었는지, 어떤 사람이나 생물이 있었는지, 무슨 느낌을 받았는지 등의 정보를 '냄새'로 알 수 있다.

냄새로 '미래'까지 내다본다! 산책 중 맞은편 모퉁이에서 풍기는 냄새로 누가 오는지 알아내고 공기의 냄새로 날씨도 미리 알 수 있다.

아얏 콕콕 콕콕
어제
내일
나무가 왜?

똑같은 사물을 보더라도 개는 사람이 본 것보다 훨씬 많은 정보를 얻고 있을지도 모른다.

이 세상은 '눈에 보이는 것'이 전부가 아니다. 개는 그 사실을 우리에게 가르쳐 주는 좋은 친구다.

여기서 끝나지 않는 개의 엄청난 능력!

'후각'만큼 뛰어난 개의 능력은… 바로 사람의 마음이나 생각을 알아차리고 공감하는 능력이다. 개는 사람의 감정 변화에 민감하다. 인간의 호르몬에서 벌어지는 변화를 뛰어난 후각으로 금세 알아차릴 수 있기 때문이다.

주인이 각기 다른 상황 (짜증남/즐거움)에서 입었던 옷을 개에게 줘 보니…,

짜증날 때 입은 옷 냄새만 맡았다! 사람의 스트레스가 개에게도 전해진다는 뜻이다.

인간과 개의 끈끈한 관계를 보여 주는 가장 큰 증거는 바로 '하품'이다. 개의 조상인 늑대 무리에서는 하품이 전염되는 모습을 찾아 볼 수 있는데.

개는 인간의 하품에도 전염된다!

인간에 대한 공감을 겉으로 드러내는 몇 안 되는 동물 중 하나이다.

개가 인간의 행동이나 감정에 예민하게 반응하는 이유는 개와 인간이 수천 년에 걸쳐서 함께 살아온 기나긴 역사 덕분이 아닐까? '공감 능력'이야말로 개가 지닌 가장 강력한 힘일지도 모른다.

▶ 주튜브 Zootube
깜짝!

소

고기를 '배양'해서 지구를 구하자고?!

소를 만들어 낸다?!

하늘에서 '뿅' 하고 생겨난 고기

30:51 / 37:15

모두가 좋아하는 맛있는 소

식물을 먹고 자라는 소는 고기가 부드러워서 많은 사람이 즐겨 먹는다. 그런 소고기를 연구소에서 인공적으로 만드는 실험을 시작했다. 첫 '인조 햄버그 스테이크'를 만드는 데는 무려 3억 5천만 원이나 들었다.

몽실 몽실 윤기 좌르르

350,000,000원!

왜 그렇게나 많은 돈을 들여서 고기를 '만들어 내야' 하는 걸까? 그 배경에는 인간과 소의 관계가 있다.

짜―잔

크기 : 소마다 다르다
어서 오세…
음머~ 닝세트 주세요.

분류 : 포유류·소과   먹이 : 식물   서식지 : 전 세계

미래를 향해
소

소는 인류의 삶에서 빼놓을 수 없는 동물이었다.

옛날에는 넓은 땅에서 소를 길렀지만, 소를 찾는 사람들이 많아진 지금은 '공장' 같은 환경에서 수많은 소를 키우고 있다.

이러한 구조를 '공장식 축산'이라고 부른다.

샤롤레
프랑스에서 온 덩치 큰 소

흑모화우
맛있기로 유명한 일본의 소

헤리퍼드
세계에서 가장 널리 길러지는 소

하지만 2050년이면 세계 인구가 97억 명(지금의 1.8배)까지 늘어난다고 한다. 즉, 먹어야 할 고기의 양도 늘어난다는 뜻!

2050년 97억 명 "고기 내놔!"

지금처럼 소를 길렀다가는 아무리 고기를 먹고 싶어도 먹을 수 없는 날이 찾아올지 모른다. 소를 키우는 데 많은 사료와 물, 땅이 필요한 만큼 환경에 주는 피해도 크기 때문이다.

소를 키울 땅을 만들기 위해 숲과 나무를 없앤다.

지구 온난화를 부르는 메테인 가스 (소의 트림 등)

다시 말해, 공장식 축산은 영원토록 유지될 수 없는 방식인 셈….

이러한 문제를 해결하기 위한 첫걸음은
'사람이 먹는 고기의 양을 줄이는 것'이다.

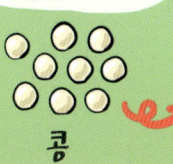

무엇보다 지금 주목받고 있는 기술은 바로…
세포에서 '고기를 만들어 내는' 기술, 이름하여 '배양육'이다!

처음으로 만들어진 배양육 햄버거는 3억 5천만 원이나 했지만 지금은 놀랍게도 약 3만 분의 1까지 가격을 낮추는 데 성공했다. 만약 고기를 '배양'할 수 있다면 소를 키우기 위해 숲을 없애지 않아도 되고, 지구 온난화에 끼치는 영향도 줄어들 것이며, 공장처럼 비좁은 곳에서 수많은 소를 기를 필요도 없어지지 않을까.

가까운 미래에는 '싸고 맛있고 건강하고 친환경적이며 동물에게도 유익한 인공 고기가 지금의 '고기'를 대신하게 될지도 모른다.
인류와 동물의 미래는 '고기', 그리고 '소'를 대하는 자세에 달린 셈이다.

기니피그

주튜브 Zootube 깜짝!
뿌이뿌이 히스토리

사랑스러운 캐릭터의 역사

처음에는 식용이었다고?!

피그탄 조
뿌이 뿌이
노릇노릇
뿌이 뿌이
뿌이 맥스
뿌이뿌이

30:51 / 37:15

귀엽기만 한 동물이 아니라고? 인간과의 깊은 역사를 지닌 쥐

천축서라고 불리는 쥐의 일종. 하지만 천축(인도)이 아니라 남아메리카의 동물이다. 산에서 풀이나 과일을 먹으며 살아가던 동물이지만, 현재는 야생에서 찾아 볼 수 없다. 인간과의 역사가 길고도 깊다.

크기 : 20~40cm

카피바라도 기니피그와 같은 천축서과

이것이 기니피그 비장의 기술!

뿌이뿌이 보이스

뿌이 뿌이!
배가 고플 때나 흥분했을 때 내는 소리! 알람 소리처럼 들린다.
지진 났어?!
뭐야, 기니피그잖아.

팝콘 점프

흥분하면 뛰어오른다.
영어로는 Popcorning(팝코닝).
기분 최고야!
뿌이요
다만 그리 높게 뛰지는 못한다.

분류 : 포유류·천축서과   먹이 : 풀, 과일 등   서식지 : 남아메리카(출신지)

그림으로 알아보자
뿌이뿌이! 기니피그

기니피그와 인간의 역사는 먼 옛날로 거슬러 올라간다. 고대 라틴아메리카 원주민들이 남미의 야생 동물이었던 기니피그를 길들였다. 가장 큰 목적은… 식용! (키우기 편했기 때문에.)

기니피그는 16세기 무렵부터 유럽에서도 기르기 시작했다. 남미로 건너간 스페인 정복자들이 유럽으로 데려간 것이 계기였다.

그 후, 유럽 전역에서 길러지며 인기를 끌었다.

그리고 실험용 동물로 쓰이며 의학 발전에 강제로 '공헌'하다가…, 사랑스러운 반려동물로 품종 개량을 거치며 세상 사람의 예쁨을 받는 동물로 자리 잡았다.

사람들의 삶에 깊이 스며들었던 기니피그. 존경하는 마음을 담아 '뿌이 뿌이' 하는 기니피그의 울음소리에 귀 기울여 보자.

레이산알바트로스

'사랑'의 형태는 모두가 제각각

사랑은 자유

암컷끼리 사랑을 나누는 새

바다 위를 나는 '사랑의 상징'

알바트로스 무리는 바다 위를 날면서 물고기 따위를 잡아먹는 대형 바닷새다. 수컷과 암컷이 힘을 합쳐서 새끼를 키우는 모습 때문에 이상적인 부부의 상징처럼 여겨졌지만, 연구를 통해 그 사랑의 진짜 모습이 밝혀지기 시작했다.

알바트로스 부부는 사이가 무척 좋아서 한 번 고른 상대와 오랫동안 함께하는 경우가 많다.

어차피 이 세상은 / 신랑 X 신부 / 남자와 여자가…

수십 년 넘게 '부부' 관계가 이어지기도 한다. 그런데 꼭 '수컷과 암컷'이 부부여야만 한다는 법은 없다!

앗

크기: 80cm

바보야~! / 나 놀리는 거지? / 까마귀

분류: 조류·알바트로스과
먹이: 물고기, 새우, 게 등
서식지: 북태평양

아름다운 날개
레이산알바트로스

알바트로스는 '바보새' '신천옹' 등으로 불리기도 한다.

날개를 펼치면 2미터가 넘는다!

검정색 '눈화장'이 특징.

수컷과 암컷의 생김새는 똑같다.

하와이의 오아후섬에 사는 레이산알바트로스의 서식지에서는…

약 30퍼센트의 '부부'가 '2마리의 암컷'으로 이루어진 '동성 부부'라는 사실이 드러났다!

신부 × 신부

어~?

짝짓기 철이 되면 암컷 레이산알바트로스는 수컷과 짝짓기를 해서 수정한다.

사랑하는 그대여, 내 사랑을 받아 주오.
♂
♀
끝나면 알려 줘요.

기다렸지, 자기야.
자기라니 부끄럽잖아~!
♀ ♀

여기까지는 '수컷 암컷' 부부와 똑같지만, 수정을 마친 암컷 일부는 (짝짓기한 수컷이 아닌) 다른 암컷과 '부부'가 된다!

내 사랑!
두둥!

184

암컷 '부부'는, 수컷 암컷 부부와 마찬가지로 서로의 깃털을 골라 주며 끈끈하게 애정을 표시한다.

그리고 '수컷 암컷 부부'와 똑같이 3주씩 돌아가며 알을 품어서 부화시킨 후, 알에서 깨어난 새끼를 키운다.

그 후로 상대를 바꾸는 부부가 있는가 하면…,

수십 년 넘게 함께하는 부부도 있다.

레이산알바트로스 무리는 암컷이 더 많아서 전체의 60퍼센트 정도를 차지한다.
(수컷과 커플이 되지 않은) 암컷들끼리 힘을 합쳐서 새끼를 키우는 행동은 번식하는 데도 장점이 있는 모양이다.
자신의 짝을 수컷에서 암컷으로, 암컷에서 수컷으로 바꾸는 일도 더러 있다.
'사랑의 새'에게 숨겨진 사랑 이야기는 인간의 상상보다 더 자유로울지도 모른다.

알려지지 않은 동물들의 '사랑'?

어머?! 암컷끼리?!

새삼스럽게?

♀ ♀

※ 수컷과 암컷의 생김새는 똑같다.

인간 사회에서 '사랑'은 '남자와 여자가 하는 것'이라는 고정관념이 오랫동안 자리 잡고 있었다. 그래서 인간들은 동물의 세계에서도 당연히 '수컷과 암컷이 짝을 이룰 것'이라는 선입견을 품고 있었다. 레이산알바트로스를 조사하던 연구자들조차 '암컷 부부'가 존재한다는 사실을 최근까지 모르고 있었다.

'무조건 수컷과 암컷이 짝을 이룬다'는 믿음을 뒤집듯이 (사람 기준으로 말하자면) 동성애와 비슷한 행동을 보여 주는 동물들의 사례가 자주 발견되고 있다.

기린

수컷간의 성행위를 자주 찾아 볼 수 있다.

박쥐

거꾸로 매달린 채 사랑을 나눈다.

펭귄

동물원 같은 곳에서 많은 '동성 부부'를 발견할 수 있다.

보노보

동성과 친밀한 성적 교감을 나눈다.

인간의 '사랑'과 동물의 '사랑'이 얼마나 비슷한지는 아직 밝혀지지 않은 부분이 많다. 하지만 인간의 '다양한 사랑'이 사회에 받아들여진 것처럼 동물들이 보여 주는 다양한 '사랑의 모습'도 언젠가는 사람들에게 받아들여지지 않을까.

우아!

꿀벌

붕붕붕, 고맙다붕

주튜브 Zootube 깜짝!

히어로 전원 집합

꿀벌이 지구를 구한다!!

`30:51 / 37:15`

인류의 '먹거리'의 미래를 좌우하는 벌

벌은 꽃에서 꽃으로 날아다니며 꽃의 꿀이나 꽃가루를 모아서 먹는다. 무리에는 여왕벌이나 일벌 등의 역할이 나누어져 있을 정도로 벌의 사회성은 뛰어나다. 때로는 모두가 힘을 합쳐서 천적인 말벌을 물리치기도 한다.

크기 : 5~15mm

꿀벌이 모으는 '벌꿀'은 먼 옛날부터 인간의 입을 즐겁게 한 맛있는 천연 감미료였다.

현재 벌꿀을 길러서 꿀을 채취하는 '양봉 산업'은 대규모로 성장했다. 그만큼 꿀벌은 전 세계에서 사랑받는 곤충이다. **하지만 꿀벌에게 벌꿀 생산보다 더욱 중요한 역할이 있다는데…?**

분류 : 곤충·꿀벌과   먹이 : 꽃가루, 꿀   서식지 : 전 세계

먹거리를 책임지는 '배달부'
꿀벌

꿀벌은 꽃에서 꿀을 모아 벌꿀을 만들어 낸다. 하지만 자연계에서 꿀벌이 맡은 가장 중요한 역할은 바로 **꽃가루 '배달부'**다.

식물이 번식하려면 수술의 꽃가루를 암술로 옮겨 '가루받이'를 해야 한다. 이때 없어서는 안 될 존재가 바로 꿀벌 같은 곤충이다.

꿀벌의 털에 꽃가루를 묻히면… 이동할 때 다른 식물로 꽃가루를 옮겨서 가루받이를 시켜 준다.

이런 꽃가루 매개자 역할을 하는 생물들은 인류의 식생활에 빼놓을 수 없는 존재들이다. 사람들이 먹는 여러 채소나 과일을 수확하려면 이러한 생물들의 도움이 반드시 필요하다.

꿀벌 같은 벌들은 온갖 식용 작물과 과일 중 '85퍼센트'의 가루받이를 맡고 있다.

이렇게 '꽃가루 매개자' 덕분에 생긴 경제적 이익은 약 660조 원이나 된다고 하니 정말 놀랍다!

하지만 꿀벌에게 '큰일'이 벌어졌다고 하는데….

2006년에는 미국에서 많은 일벌(꿀벌)이 사라졌다. 남겨진 여왕벌이나 애벌레들 역시 얼마 후 모두 죽어 버렸다. '꿀벌 군집 붕괴 현상(CCD)'이라고 불리는 이 현상은 미국 전체로 퍼져 나갔다.

실종
꿀벌을 찾습니다….

꿀벌이 무너지면 먹거리도 무너진다?

꿀벌의 숫자가 최근 수십 년 사이에 전 세계에서 25퍼센트나 줄어들었다는 사실이 밝혀졌다. 이렇게나 줄어든 원인은 현재 조사 중인데,

양파
당근
아스파라거스
베리
브로콜리
가지

농약 (네오니코티노이드 계열 살충제)
푸슉

기생충
꿀벌 응애
키키킥

지구 온난화
더워

… 등이 주된 원인으로 보인다.

식물의 가루받이를 도와주는 꿀벌은 생태계에 없어서는 안 될 존재일 뿐만 아니라, 사람들의 식탁을 책임지는 곤충이기도 하다. 위기에 빠진 벌을 지키는 것은 우리 인류를 위한 일이기도 한 셈이다.

침팬지
그 본성은 피? 아니면 사랑?

진짜 모습은 어느 쪽일까?!
눈엣가시는 잔인하게 처단하는 모습?!
폭력

사랑
다른 동물까지 보듬어 주는 모습…?

사람과 가장 가까운 동물의 정체는 과연 뭘까?

침팬지는 10여 마리가 무리 지어 숲에서 살아가는 원숭이의 일종으로, 힘센 수컷이 무리의 우두머리가 된다. 과일을 따 먹거나 다른 동물을 공격하는 등 뭐든 잘 먹는다. 때로는 영역을 두고 다른 무리와 다투기도 한다.

다른 무리와의 싸움이 때로는 죽고 죽이는 끔찍한 사태로 발전하기도 하는데….

어느 무리에서는 우두머리가 자신의 동료에게 죽임을 당하는 사건까지 벌어졌다! 이 잔인한 모습이 침팬지의 '본성'인 걸까?

팬지를 가꾸는 침팬지

- **크기** : 60~90cm
- **분류** : 포유류·사람과
- **먹이** : 식물, 다른 동물 등
- **서식지** : 아프리카

침팬지는 '공감 능력'도 무척이나 뛰어난 동물이다.

자신의 동료들뿐만 아니라 다른 동물의 마음까지 '공감'하며 헤아릴 줄 안다.

살쾡이

미아가 된 사향고양이와 놀아 주는 모습.

다치지 않게 부드럽게 대해 준다.

게다가 사람에게 길러지던 어느 침팬지는 '우는 시늉'을 하자 달려가서 '위로해 주는' 듯한 모습을 보이기도 했다.

왜 그래?

으앙

폭력성은 '공감 능력'에서 생긴다고도 볼 수 있다. '저 녀석, 눈에 거슬려!'라는 분노와 '저 애, 슬퍼 보여'라는 동정심 모두 다른 동물을 보고 마음이 강하게 흔들린다는 점에서는 마찬가지다.

잔인함과 상냥함은 같은 동전의 앞면과 뒷면.

눈엣가시라면 친구마저 처치하는 '폭력성', 다른 동물들도 보살필 줄 아는 '공감 능력' 이 모두가 침팬지가 지닌 얼굴인 셈이다. 침팬지는 '폭력적이며 무서운 동물'일까. '강한 공감 능력을 지닌 상냥한 동물'일까? 정답은 둘 다 아니기도, 둘 다 맞기도 하다.

침팬지에게는 '진화의 이웃사촌'인 우리 인간이 그러하듯이···.

침팬지는 장애를 가진 새끼를 돌봐 주기도 한다!

어느 어미가 데리고 있던 한 새끼 침팬지가 심각한 신체적 장애를 안고 있었다.

다리 힘이 약해서 어미에게 잘 매달리지 못하고 가슴에 혹(종양)까지 생겨나 험난한 자연에서는 금세 죽고 말 것처럼 보였다.

왼손가락이 6개

그런데 어미와 누나가 헌신적으로 보살피고 동료들이 공평하게 대해 준 덕분에 새끼는 심각한 장애가 있음에도 (예상했던 것보다) 야생에서 오래 살아남을 수 있었다.

이는 침팬지의 뛰어난 공감 능력을 보여 주는 증거 중 하나다.

어쩌면 이 발견은 장애인에 대한 인간 사회의 복지가 어떻게 '진화'해 왔는지를 밝혀 줄 열쇠일지도 모른다.

천산갑

열리고 만 '판도라의 상자'

> 비늘은 나의 갑옷!
> 철커덕
> 갑옷으로 변신!
> 대박!
> 제자로 받아 주세요!
> 아르마딜로
> 콜록 콜록 콜록
> 비늘 없으니 힘이 없어 보이는데?
> 내 비늘 좀 가져가지 마….

딱딱한 비늘로 몸을 지키는 신기한 포유류

몸을 동그랗게 말아서 몸을 지키거나 긴 혀로 흰개미를 먹는 등 아르마딜로와 비슷하지만 서로 다르게 진화한 동물이다. 천산갑은 비늘이 뾰족하며 나무 위에 사는 종류도 있다는 점 등에서 차이가 난다.

한자로 쓰면 穿山甲(천산갑). 비늘은 코뿔소의 뿔이나 사람의 손톱과 같은 물질인 '케라틴'으로 이루어져 있다.

코뿔소요?
막막하다, 막막해~

새끼는 태어나고 6개월 동안 어미의 등에 업혀서 살아간다. 천산갑과 전염병은 대체 무슨 관계일까?

크기 : 50cm
여긴 어디야?
고양이만 한 크기
탁자 난쪽아.

분류 : 포유류·천산갑과　　**먹이** : 개미 등　　**서식지** : 아시아, 아프리카

천산갑
진실은 갑옷 속에

코로나바이러스19가 전 세계를 두려움에 떨게 하고 있다. 그런데 천산갑이 이 전염병이 널리 퍼지는 데 영향을 끼쳤다는 이야기가 있다.

코로나바이러스19는 동물과 사람 모두에게 감염된다.

고양이도 걸린다.

신종 코로나바이러스19 감염증

동남아 등지에서 서식하는 말레이천산갑의 조직에서 발견된 코로나바이러스의 유전 정보가 신종 코로나바이러스19와 약 90퍼센트의 비율로 일치한 것이다.

코로나바이러스19의 첫 숙주는 박쥐였을 가능성이 높다.

박쥐 → 천산갑 → ? 사람

사바나 천산갑

그리고 천산갑이 박쥐와 인간 사이를 이어 주는 '중간 숙주'였을 가능성이 드러난 것이다.

천산갑은 '세계에서 가장 많이 불법으로 거래되는 포유류'다. 과거 10년 동안 무려 100만 마리가 밀렵당했다고 한다. 아시아 여러 나라에서 천산갑 고기가 고급 식재료로 사용된다.

특히 비늘을 원하는 사람이 많다.
천산갑의 비늘이 천식이나 암 등 다양한 질병에
효과가 좋다는 믿음 때문에 한약의
재료로 사용된 것이다.

과학적인 근거는 없는데….

천산갑은 아시아와 아프리카에 8종이 살아가고 있다.

불법으로 잡아들인 천산갑을 미국으로 보낸다.

유럽을 거쳐서 밀수하기도 한다.

중국

일본도 조금은 관련이 있을지도?

아프리카

세계적인 불법 거래는 지금도 이루어지고 있다.

아시아에서 천산갑의 숫자가 크게 줄어들자 밀렵꾼들은 아프리카로 눈을 돌리기 시작했다.

코로나바이러스19가 발생한 원인에 대해서는 아직 밝혀지지 않은 점이 많아 여전히 조사를 하고 있지만, 이렇게 인간과 접촉이 늘어난 천산갑이 코로나바이러스19를 인간에게 옮겼을 가능성은 설득력이 있어 보인다.

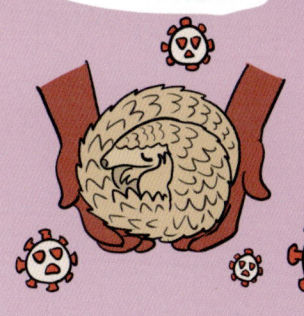

우린 나쁜 사람들이 아니에요.

아프리카의 ~~귀찮은대~~ 조직 범죄 대책 부대

동물을, 그리고 우리 인간을
지키기 위해서 전 세계
사람들이 힘을 합쳐야만 한다.

천산갑을 지키는 건 '누구를' 위한 일일까?

공교롭게도 이번 신종 코로나바이러스 사태가 천산갑을 보호하는 데 도움을 줄지도 모른다.

중국인들 중 90퍼센트는 모든 야생 동물 거래를 금지하자는 주장을 지지하고 있다.

시민들의 문제 의식이 높아지고 전염병의 위험성이 널리 알려진 덕분인지 중국에서는 천산갑을 보호하기 위한 조치가 진행되고 있다.

우선 천산갑의 야생동물 보호 등급을 '2급'에서 최고 등급인 '1급'으로 끌어올렸다.

1급은 판다와 같은 등급이다.

그리고 한약재 목록에서 천산갑의 비늘을 제외했다.

아직도 많은 문제가 남아 있지만 이런 노력들이 천산갑의 보호로 이어질 커다란 첫걸음이 되지 않을까?

밀렵뿐만 아니라, 숲을 없애고 자연을 파괴함에 따라 동물과 인간 사회가 가까워진다면 그만큼 전염병이 퍼질 위험성도 늘어나게 된다. 인간이 동물의 터전을 침범하면서 벌어진 전염병 사태는 인간에 대한 자연의 복수라고도 볼 수 있다. 이번 기회에 인간과 동물의 관계를 다시 한번 확인하고 '적절한 거리'를 유지하지 못하면 자연은 언젠가 또다시 예상치 못한 모습으로 인간 사회에 이빨을 드러낼지 모른다.

고양이(집고양이)

주튜브 Zootube
깜짝!

지구는 이미 고양이의 별

지구를 정복한 고양이의 전략?!

30:51 / 37:15

지구에서 가장 번성한 동물?

지구에서 길러지는 고양이는 5억 마리가 넘는다고 하는데, 중형 포유류치고는 놀라운 숫자다. 점프력이나 스피드를 살린 사냥이 특기이며, 오래전부터 인간과 협력 관계를 쌓아 왔다.

고양이가 놀라울 정도로 번성할 수 있었던 것은 두말할 필요도 없이 '사람' 덕분이다.

다른 고양잇과 동물들은 개체 수가 줄고 있지만 고양이는 사람에게 극진한 사랑을 받으며 최고의 인기 스타로 자리를 잡았다. 고양이에게 숨겨진 비밀은 과연 뭘까?

크기 : 46cm

분류 : 포유류·고양잇과　　**먹이** : 육식　　**서식지** : 전 세계

고양이는 귀여운 '괴물'?!

사랑스러운 고양이가 생태계에서는 무시무시한 '괴물'로 돌변하기도 한다. 들고양이나 풀어놓고 기르는 고양이가 야생 새나 작은 동물을 마구 잡아 죽인다는 사실이 밝혀진 것이다.

해마다 수십억 마리의 새나 수백억 마리의 작은 동물들이 고양이에게 죽임을 당한다는 조사 결과도 있다!

보통 포식자들은 사냥감을 많이 잡으면 먹이가 사라져서 자신들의 숫자도 줄어들어 균형이 맞춰지기 마련인데, 인간들의 사랑(사료) 덕분에 굶주림에서 벗어난 고양이는 '무적'의 포식자로 거듭났다.

고양이를 풀어서 기르면 고양이의 목숨이 위험해진다. 집 밖으로 나온 고양이는 사고에 휘말리기 쉬워 실내에서 기르는 고양이보다 일찍 죽는 편이다.

고양이를 '괴물'로 만들지 않기 위해, 그리고 고양이를 지키기 위해서라도 되도록 고양이는 풀어놓지 말자. 그것이 세상에서 가장 사랑스러운 동물에게 푹 빠진 인류가 져야 할 책임이다.

인간에게 사냥당하거나 보금자리를 파괴당할 일이 사라진 동물들은

엘크

늑대

인간이 살지 않는 거리나 자연 속을 자유롭게 거닐고 있어.

몽골말

이 지역에서 보기 힘든 동물들까지 모습을 드러내기 시작했대.

스라소니

일본원숭이 (후쿠시마)

일본에서도 원자력 발전소 사고가 벌어진 후쿠시마의 출입 금지 구역에서는 이런 현상이 벌어지고 있어.

물론 무서운 사고는 두 번 다시 일어나지 말아야 하고, 동물에게 어떤 영향을 끼치는지도 아직 정확하게 밝혀지지는 않았어. 하지만 한 가지 확실한 건,

매

한번 상처 입은 동물이나 자연도 되살아날 힘을 간직하고 있다는 사실이야.

거대해진 동물들이 인간 사회를 공격하는 애니마게돈의 환상은 코앙마의 천사 파워를 통해 방송되었다.

이 충격적인 영상은 곧바로 전 세계로 퍼져나갔다.

수수께끼의 생명체(코앙마)가 보내 준 무시무시한 애니마게돈의 영상에 충격을 받은 사람부터 가짜라고 의심하는 사람까지 시청자들의 반응은 제각각이었지만,

루와 라비 채널의 전체 재생 횟수는 '시련'이 끝나기 직전에 '1억 뷰'를 돌파했다.

100,000,000

코앙마, 천사의 규칙을 어기면 어떻게 되는지 알고 있을 텐데…

대체 왜 이런 짓을…?

…

저도 모르겠습니다….

《의외로 또 유쾌한 생물도감》을 마치며

　《의외로 또 유쾌한 생물도감》이 탄생한 계기는 약 35억 년 전으로 거슬러 올라갑니다. 화학 물질 수프처럼 혼란스럽던 지구 어딘가에서 '고양이가 피아노 건반 위를 이리저리 돌아다녔을 뿐인데, 우연찮게도 아름다운 노래가 완벽히 연주된' 것처럼 상상을 뛰어넘는 **기적**이 벌어졌습니다. 그리고 그 전까지는 존재하지 않았던 **생명**이 탄생했죠. 그리고 **생명**은 수없이 많은 시도와 실패 끝에 여러 **생물**로 가지를 뻗어 나갔습니다. 그중 하나의 가지에서 '뚝' 하고 떨어진 '생물'…, 다시 말해 인간 중 하나(바로 접니다)가 똑같은 기적을 통해 태어난 '생물'들이 얼마나 멋진지를 알려 드리기 위해, 그리고 기적 따윈 깡그리 잊어버린 채 다른 생물들을 궁지로 몰아넣고 있는 인간들의 세계를 (조금이나마) 더 나은 세상으로 만들기 위해 쓴 책이 바로 《의외로 또 유쾌한 생물도감》입니다(책에는 역사가 있다고들 하죠). 기나긴 역사의 끝에 인간이라는 생물들의 미래가 어떻게 흘러갈지는 이 책을 마지막까지 읽어 주신 괴짜, 그리고 생물을 좋아하는 여러분에게 달려 있습니다.

　이 유쾌한 도감을 함께 만들어 주신 편집자님과 디자이너님, 신세를 진 여러 사람들, 물총새 님, 제게 의지가 되어 준 가족과 친구들, 안타깝게도 멀리 여행을 떠난 친구 모모코(분명 모모코는 이 별난 도감이 마음에 들었으리라고 믿습니다)에게 감사의 뜻을 바칩니다. 그리고 누구보다 독자 여러분, 35억 년만큼 감사합니다!

누마가사 와타리

참고한 책

《오리너구리 박물지? 신기한 포유류의 진화와 발견 이야기–생물 미스터리》 아사하라 마사카즈(기주쓰효론샤), 《이토록 놀라운 동물의 언어–언어로 들여다본 동물의 내면》 에바 메이어르(까치), 《물리로 풀어보는 동물들의 엄청난 기술: 꽃의 전기장을 발견해내는 벌부터 꼬리가 비밀무기인 다람쥐까지》 마틴 듀라니/리즈 칼루거(인터시프트), 《The 날다람쥐? 최신 사육법(먹이, 집, 생활, 의료)을 모두 알려 주마(펫 가이드 시리즈)》 후지키 사토코(세이분도신코샤), 《쥐에게 지배당한 섬》 윌리엄 스톨젠버그(분게이슌쥬), 《25그램의 행복–나의 작은 고슴도치》 안토넬라 토마셀리/마시모 바체타(하퍼콜린스재팬), 《너무 힘든 생물들: 문제를 해결하는 엄청난 진화》 매트 사이먼/블라디미르 스탄코비치(인터시프트), 《늑대의 숨겨진 삶》 짐 더처/제이미 더처(글항아리), 《늑대 그 행동·생태·신화》 에릭 치멘(하쿠스이샤), 《늑대의 지혜》 엘리 H. 라딩어(생각의힘), 《포식자 없는 세계》 윌리엄 스톨젠버그(분게이슌쥬), 《뱀장어 1억 년의 수수께끼를 쫓아–과학 논픽션》 쓰카모토 가쓰미(각켄플러스), 《그래서, 뱀장어는 먹어도 되는 거야?》 가이후 겐조(이와나미쇼텐), 《세계상어도감》 스티브 파커(네코퍼블리싱), 도록 《바다의 사냥꾼 전시회》, 《플라스틱의 바다》 미셸 로드/줄리아 블래트먼(쇼가쿠칸), 《플라스틱 프리 라이프》 샹탈 플라몽동/제이 심하(NHK출판), 《탈 플라스틱으로의 도전–지속 가능한 지구와 세계 비즈니스의 흐름》 겐다쓰 교코(산카게곡사), 《해양 플라스틱–영원한 쓰레기의 행방》 호사카 나오키(KADOKAWA), 도록 《대형 포유류 전시회 2》, 《개의 능력–놀라운 재능에 대해 알아보고 바르게 대처하기》(내셔널 지오그래픽 별책), 《개로 산다는 것은 어떤 것인가–코가 알려주는 냄새의 세계》 알렉산드라 호로비츠(하쿠요샤), 《클린 미트–인간과 동물 모두를 구할 대담한 식량 혁명》 폴 샤피로(흐름출판), 《정답은 하나가 아냐–새끼를 키우는 동물들》 하세가와 마리코(감수) (도쿄대학출판회), 《동물의 감정에 대한 생각–동물에게서 인간 사회를 읽다》 프란스 드 발(세종서적), 《거실의 사자–고양이는 어떻게 인간을 길들이고 세계를 정복했을까》 애비게일 터커(마티), 《고양이, 귀여운 킬러? 생태계에 끼치는 영향을 과학하다》 피터 P. 마라/크리스 산텔라(쓰키지쇼칸), 《내셔널 지오그래픽》일본판 2005년 6월호, 2013년 9월호, 2015년 2월호, 2015년 5월호, 2018년 6월호, 2019년 2월호, 2019년 5월호, 2019년 6월호, 2019년 10월호, 2020년 5월호, 2020년 10월호, 2021년 5월호, 《지구박물관대도감》 스미소니언 협회(감수), 데이비드 버니(편집) (도쿄서적), 《각켄 도감 LIVE 동물》 이마이즈미 다다아키(감수) (각켄플러스), 《각켄 도감 LIVE 물고기》 모토무라 히로유키(감수), (각켄플러스), 《즐거움, 진화가 준 최고의 선물》 조너선 밸컴(도솔), 도록 《대지의 사냥꾼 전시회》, 《짐을 끄는 짐승들》 수나우라 테일러(오월의봄).

영상 자료

〈불타는 지구〉, 〈서바이벌 스토리～ 대자연을 살다～〉, 〈화려한 '이단아'〉, 〈그레이트 리프트–아프리카의 고동〉, 〈작은 세계〉, 〈애니멀–자연의 실력자들〉, 〈블루 플래닛〉, 〈고래와 해양생물들의 사회〉

찾아보기

가
개 …………………………… 173
검은꼬리프레리도그 ……… 43
검은여우원숭이 …………… 105
검은코뿔소 ………………… 61
게잡이원숭이 ……………… 81
고기잡이살쾡이 …………… 75
고슴도치 …………………… 93
고양이 ……………………… 199
공작갯가재 ………………… 137
귀상어 ……………………… 147
기니피그 …………………… 181
긴귀반디쿠트 ……………… 33
꿀벌 ………………………… 187

나
늑대 ………………………… 115

다
동고비 ……………………… 85

라
레이산알바트로스 ………… 183

마
마사이기린 ………………… 53
무명갈전갱이 ……………… 145
물까치라켓벌새 …………… 79

바

방울뱀	47
뱀잡이수리	59
뱀장어	141
부채머리수리	109
분홍산누에나방	77
붉은바다거북	159
붉은캥거루	37
비버	97
빌비	33

사

사자	67
사탄잎꼬리도마뱀붙이	103
산호	131
소	177
스톤피쉬	139

아

아르마딜로갑옷도마뱀	57
아이벡스	51
안경카이만	41
에뮤	35
오리너구리	25
오소리	93
웜뱃	29
인도점핑개미	111

자

점박이하이에나	67
줄무늬텐렉	107
쥐가오리	155
집개	173
집고양이	199

차

참갑오징어	127
천산갑	195
침팬지	191

카

카카포	87
캘리포니아땅다람쥐	47
코뿔소	61
쿠아카왈라비	31
쿼카	31
큰머리두더지쥐	63

타

톱가오리	135

파

파래날씬이갯민숭붙이	153
팔공거미	101

하

혹등고래	163
화식조	91
해달	123
흰고래	151
흰코뿔소	61

글·그림 누마가사 와타리
일본에서 활발하게 활동하고 있는 일러스트레이터이다. 2016년부터 물에 사는 동물들과 새들을 다룬 동물도감을 인터넷에 공개하면서 큰 인기를 얻었다. 처음 펴낸 책 《왠지 이상한 동물도감》은 출간하자마자 베스트셀러가 되었고, 이후에 《의외로 유쾌한 생물도감》《의외로 친해지고 싶은 곤충도감》《왠지 이상한 멸종동물도감》 등을 출간하며 왕성한 집필 활동을 하고 있다.

옮김 곽범신
대학에서 일어일문학을 전공한 후, 취업 준비를 위해 찾은 도서관에서 일본 미스터리 소설을 접하며 뒤늦게 번역가라는 꿈을 품게 되었다. '겸허하되 주눅 들지 않는, 과감하되 자만하지 않는 번역가'라는 목표를 향해 오늘도 노력하며, 독자들에게 좋은 책을 소개하고자 힘쓰고 있다. 현재는 바른번역 소속 번역가로 활동 중이다. 옮긴 책으로는 《돈의 세계사》《이유가 있어서 멸종했습니다》《어마어마하고 무시무시한 곤충도감》《누가 범인일까?》《머릿속에 쏙쏙! 환경과학 노트》《소설처럼 재미있게 읽는 생명과학 강의》《허약하지만 살아남았습니다!》등이 있다.

한국어판 감수 성기수
환경생태연구가이자 생태사진가이다. 대학원에서 고분자물리학을 전공했으며 EBS, MBC, KBS 등에서 방영된 자연 다큐멘터리를 기획하기도 했다. 쓴 책으로는 《곤충의 사랑》《숲속의 사냥꾼들》, 공저로 《하가교에서 살아가는 곤충 1, 2》가 있으며 생물 감수를 본 책으로는 《의외로 유쾌한 생물도감》《의외로 친해지고 싶은 곤충도감》《의외로 수상한 식물도감》 등이 있다.

디자인 무라구치 게이타
편집협력 미하시 타오 (OFFICE 303)

의외로 또 유쾌한 생물도감

1판 1쇄 인쇄 | 2022. 10. 27.
1판 1쇄 발행 | 2022. 11. 9.

누마가사 와타리 글·그림 | 곽범신 옮김

발행처 김영사 | **발행인** 고세규
편집 김사랑 | **디자인** 조수현 | **마케팅** 서영호 | **홍보** 박은경 조은우
등록번호 제 406-2003-036호 | 등록일자 1979. 5. 17.
주소 경기도 파주시 문발로 197(우10881)
전화 마케팅부 031-955-3100 | 편집부 031-955-3113-20 | 팩스 031-955-3111

값은 표지에 있습니다.
ISBN 978-89-349-4319-8 76490

좋은 독자가 좋은 책을 만듭니다. 김영사는 독자 여러분의 의견에 항상 귀 기울이고 있습니다.
전자우편 book@gimmyoung.com | 홈페이지 www.gimmyoungjr.com

어린이제품 안전특별법에 의한 표시사항
제품명 도서 제조년월일 2022년 11월 9일 제조사명 김영사 주소 10881 경기도 파주시 문발로 197
전화번호 031-955-3100 제조국명 대한민국 ⚠주의 책 모서리에 찍히거나 책장에 베이지 않게 조심하세요.

의외로 유쾌한 생물도감

해마를 낳는 수컷 **해마**?
호랑이의 사냥 성공률은 겨우 5퍼센트?
밤에는 흉내를 내지 않는 **흉내문어**?

생물들에게 숨겨진 의외의
놀랍고 굉장하고 신기한 모습들을
재미있는 일러스트와 함께 만나 보아요!

누마가사 와타리 글·그림 | 224쪽 | 14,800원

함께 읽으면 좋은 <의외로 도감> 시리즈

의외로 몰랐던 지식을 알찬 일러스트와 유머러스한 만화로 쉽고 재밌게 배울 수 있어요!

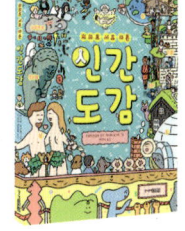

의외로 서로 다른 인간도감
이로하 편집부 편저 | 마시바 유스케 그림
104쪽 | 19,800원

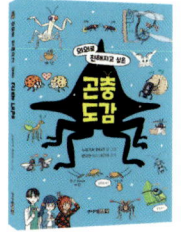

의외로 친해지고 싶은 곤충도감
누마가사 와타리 글·그림
152쪽 | 14,800원

의외로 다양한 이유가 있는 국기도감
아오 고즈에 글 | 나카사코 가즈히코 그림
176쪽 | 15,800원

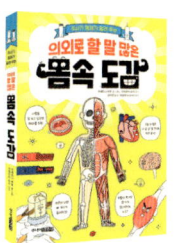

의외로 할 말 많은 몸속도감
우에타니 부부 글·그림
128쪽 | 13,800원

의외로 경기보다 재미있는 축구도감
문디알 글 | 다미엔 웨이힐 그림
112쪽 | 23,800원

의외로 경기장에 간 것 같은 스포츠도감
랑리나, 팡성란 | 팡밍 그림
84쪽 | 28,500원